THE LEADER'S FORMULA

FOR UPLIFTING HUMANITY

経営の結果を変える公式

「RCFメソッド®」が経営者の「在り方」を高める

リーダー'sコーチ（「RCFメソッド®」創始者）

佐々木浩一

Koichi Sasaki

現代書林

はじめに――コロナのピンチはチャンス

カリフォルニアの会社に勤めていた、ある朝のこと。

私はいつものように会社に行くと、会社が採用した弁護士から「クビ」を告げられた。

理由は「懲戒解雇」。会社の仕事と並行して自分自身でビジネスを行っていたのですが、それが職務規程に引っかかるということでした。

クビ（Fired）――そのひと言で、ある日突然、私は日系一部上場企業の米国法人トップのポジションと安定収入を絶たれたのです。


その一方、「クビ」と告げられたことで、私の中にスイッチが入ったことも確かです。自分でやるしかない――私の中に「覚悟」が決まったからです。

そして気がつけば私は、2ヵ月間で200万円の売上を達成し、起業に成功。今に至っています。

「覚悟が決まれば神意が動く」

これは私、佐々木浩一の人生における重要な格言となっています。

最後は己の肚《はら》をくくることで、ピンチは必ずチャンスとなるのです。

そして、何よりも大事なことは、あなたの中にはその力がすでに存在しているということなのです。


このコロナ禍の今こそ、他人や社会に奪われていた人生の主導権を自分に取り戻すときです。

あなたの意志のみが、あなたのすべての現実を創造します。

コロナのピンチはチャンス。

変わるべきは、今なのです。

リーダーʼs コーチ（「ＲＣＦメソッド®」創始者）　佐々木浩一

contents

PART I 前提編

CHAPTER 1 この本を読む前に心してほしいこと

CHAPTER 2
この本の目的は「誤認」を解くことにある

CHAPTER 3
「誤認」とはどういうことか？

CHAPTER

4 「誤認」が解ける「RCFメソッド®」とは何か？

PART

III 実践編

CHAPTER

5 第1ステージ 自分を知る

CHAPTER
6
第2ステージ 関係性を知る

CHAPTER 9
もしもわからなければここから始める

PART

I

前提編

この本はPARTⅠとPARTⅡの2部構成になっています。このPARTⅠでは前提編として、すべての原因はあなた自身にあること、それは3つの誤認から生まれていること、その誤認とはいったい何なのか、そしてそれを解消できる公式「RCFメソッド®」について解説していきます。PARTⅡの実践に向けて、まずはその前提になるものを理解してください。

CHAPTER

1

この本を読む前に心してほしいこと

この時代にうまくいっていない経営者には理由がある

2020年初頭に起きたコロナ・ショックにより、世界経済は一変しました。

「売上がマイナスレベルに落ち込み、このままいけば倒産のピンチ」

「従業員が辞め、しかも新しい人は採れず、通常営業に戻れない」

「新しい意見やアイデアはまったく出ず、打開策が見出せない」

「自分だけが何とかしようともがいているが、社員は在宅で遊んでいるかのよう」

など、会社存続の大きな悩みを抱えている経営者は、今、非常に多いのではないでしょうか。


あなたが焦る気持ちは、同じ経営者として痛いほどよくわかります。

だからこそ、あなたがこの本を手に取ってくださったのだと思います。

けれども、ここで今すぐ「ビジネスモデルを転換しよう」とか「新業態に乗り出そう」とか「メンバーを一新しよう」といった発想をしないでもらいたいのです。

なぜならそれは、医療で言うところの「対症療法」だからです。あなたの会社の「根本的な病因」は、ビジネスモデルの変更や、業態変換や、人員一新といった方法では〝治らない〟からです。

この本を手に取ってくださったあなただからこそ、心から応援するために、本当のことを言います。

「あなたの会社がうまくいっていない原因は、**経営者であるあなた**にあるのだ」と。

なぜか？

問題の原因を他人や状況のせいにした瞬間、「自分にはその問題を解決することは不可能である」と、あなたが決定することになるからです。意志のみがすべての現実を創るからです。

コロナ・ショックは、厳しい言い方をすれば「あなたの会社がもともと抱えていた『病気』をより顕著にした」に過ぎません。「売上」でもともと悩んでいた経営者には、さらに「売上」の悩みを突きつけ、「従業員の確保」の問題でそもそも悩んでいた経営者には、さらに「従業員の確保」という悩みを突きつけた……といった具合です。

「会社がうまくいっていない原因は私にある？　誰よりもいちばん頑張っているこの私にある……？」

とあなたは思うかもしれません。明日をどう乗り切ろうかと思っているあなたの傷口に塩を塗るような行為と感じるでしょうか？　あなたは「冗談じゃない！」と感じていらっしゃるかもしれませんね。

でも、この未曾有の事態を必ず乗り切って、さらに素晴らしい経営者になってくださることを信じているからこそ、敢えて私は言いたいのです。

「うまくいかない原因は、あなたにあるのです」と。

「ノウハウ・やり方」ではなく「在り方」を変える

うまくいかない原因と根本解決の方法については、順を追って解説していきます。
この時点で覚えておいてほしいのは、**「ノウハウ・やり方を求めないでほしい」**ということです。

ビジネスモデルの変更、業態変換、人員一新といったものは、すべて「ノウハウ・やり方」に該当します。また、「今まで出社して仕事をしていたが、在宅に切り替える」「トップダウン型のコミュニケーションをボトムアップ型に変える」「オンラインでの受注ができるように切り替える」なども同様です。

こういったことを「経営難を乗り切るための解決案」と思い込んで、これらの中から〝正解〟を探そうとしても残念ながらうまくいきません。

なぜなら、先ほども述べたように、これらは「対症療法」に過ぎないからです。根本治療ではないため、一時期だけ症状を緩和できたとしても、別の刺激を受けるとすぐに再発してしまうのです。

では、「ノウハウ・やり方」でないとしたら、いったい何に注目すべきなのでしょうか？

それはあなたの「在り方」です。

あなたの「在り方」というのは「関係性」で形づくられています。あなたと自分自身、あなたと周囲の人間関係……など、大切な存在との関係性を見つめ直すことが再生のカギとなります。

「あなたの在り方を変える」――すべての変化は、その１点から始まります。

それさえ行えば、会社経営は万事うまくいきます。逆にそれを行わなければ、何事もうまくいきません。それは、これまで成功してきたさまざまな経営者が体感してきた「不変の真理」なのです。

いつの間にか周囲の人間を見下している経営者

ここまで読んで「自分の在り方を変えるだけでうまくいく？　それなら簡単だ。すぐにでも変えよう」と思えた経営者の方は、本当に素晴らしい心の持ち主です。心からそう思います。今日からあなたの在り方を変えていけば、経営の悩みは劇的に解消していくはずです。

ところが多くの経営者は、残念ながらなかなか素直にそうは思えません。

あなたはときどき、こんなことを愚痴ったりしていませんか？　口にせずとも心の中でこんなふうに思ったりしていませんか？

「自分のやりたいことが、なかなか下の者たちに伝わらない」

「自分くらい身を粉にして働けば成功するはずなのに、誰もそうしない」

「重要な判断は、やはりトップである自分にしかできない」

「こんな時期なのに、社員の危機意識が足りない」

「売上が落ちているのに、前と同じ給料をもらっていて心が痛まないのか？」

「社長は孤独な存在だ！」

「いったい誰のおかげでメシが食えていると思っているんだ！」

「自分はゴルフ中も酒の席でも四六時中『仕事に活かせないか？』と考えている」


経営者であるあなたは気づいていないかもしれませんが、言われる側、思われている側からすると、すごく下に見られ、バカにされている感じがします。

試しにあなたが「言われる側」になったと想像してみてください。


「○○（あなたの名前）、君には私のやりたいことがなかなか伝わらないな」

「○○（あなたの名前）、こんなご時世なのに危機意識が足りないね」

「○○（あなたの名前）、君は私のおかげでメシが食えているんだよ」


などです。相手をかなり見下していることに少しは気づけるのではないでしょうか。

「承認欲求」をいつまでも持ち続けていてはいけない

では、1人の人間に過ぎなかった経営者の多くが、どうしていつの間にか「自分は人より優れている」「自分には才能がある」と思ってしまうのでしょうか？

それは**「承認欲求」で心の中が支配されているから**です。

アメリカの心理学者アブラハム・マズローが提唱した「欲求5段階説」は、皆さんよくご存じかと思います。「生理的欲求」→「安全欲求」→「社会的欲求」→「承認欲求」→「自己実現欲求」へ……低次の欲求が満たされるごとにもう1つ上の欲求を持つことになるという説です。会社という「自分の帰属する組織」を得て、社会的欲求の満たされた経営者が求める次の欲求が、「認められたい」「褒められたい」「尊敬されたい」「もてはやされたい」＝承認欲求であるのは、ごく自然なことです。

けれども、これまでにたくさんの経営者を見てきた私が断言できるのは、この「承認欲求」の強さこそが、経営者の成功を阻む大きな壁になっているのです。

あなたが「認められたい」という思いを強く持っていると、周りの人間よりも素晴らしい成果を出そうとやっきになります。「尊敬されたい」という思いが強いと、自分が他人より優れていることを証明しようとします。その結果、評価基準が「他人」となり、優越感を得る手段が「人を貶《おとし》めること」になりがちです。

人間の基本的欲求である「承認欲求」を抱かずに人生を送ることなどできません。けれども、経営者として本当に成功するためには、「承認欲求」の段階をできるだけ早く通りすぎていくべきです。

そうでなければ、あなたは「自分の在り方」を見つけられず、その結果として会社の経営にいつまでも苦しむことになるのです。

では、どうすれば「承認欲求」を手放し、次のステージへと行けるのでしょうか？　そのプロセスについては後ほど順を追って解説していきます。

大切なのはプライドを捨て、原因は自分にあると認めること

このCHAPTER1であなたにお伝えしたいのは、「うまくいかないすべての原因は自分にある」と潔く認めることです。

あなたがこれまで頑張ってきたことを否定するつもりは決してありません。けれども、あなたは会社経営の〝真ん中〟にいる、核となる存在。あなたが**「すべてをさらけ出し、自分自身のこと、周囲の人間関係のことについて捉え直す」という覚悟**を持てなければ、会社は何も変わらないでしょう。

ただ、こんなふうに私が覚悟を迫ると、「今さら『すべての原因は自分にある』と認めろだなんて冗談じゃない。自分は、これまで会社の舵取りをしてきたプライドがある」といったことをおっしゃる経営者がいます。

このとき私はいつも、「その『プライド』は、いったい何を守るためのものですか？」と質問します。

その「プライド」とやらで守っているのは「現状と向き合いたくない自分」「変わりたくない自分」「痛みを感じたくない自分」ではないのですか？　つまり、「プライド」という名の、都合良く自分を守る盾に過ぎないのです。

本当に守るべきものが「あなたの家族」「あなたの会社の仲間とその家族」であり、本当に実現したいことが「会社経営を通して世の中に貢献すること」なのだとしたら、あなたのプライドを今の自分を守るためではなく、あなたの大切な人を守るために、今の自分を変えていく原動力として使ってほしいのです。

その覚悟ができたら、次のCHAPTER2へと進んでいきましょう。

CHAPTER

2

この本の目的は「誤認」を解くことにある

「誤認」を解くことで あなたの在り方が劇的に変わる

本書を手に取ってくださった皆さんが望むことは、「経営を改善し、もっともっと成長したい」ということだと思います。そして、そのカギを握るのは、経済の状況の変化、やり方・ノウハウの変更、従業員のマインドセットなどではなく、「あなた自身の在り方を変えること」なのだというお話を私はCHAPTER1でしてきました。

では、具体的にどんなステップを踏んでいけば、私たちは「自分の在り方」を変えることができるのでしょうか？

ここで理解していただきたいことが2つあります。
それがこの2つです。

・あなたはこれまでの人生で「3つの誤認」をしてきた
・そして、それらの「誤認を解いていくこと」こそが、あなたの在り方を変える具体的な行動となる

「誤認」とは何か？　そう思われる方もいらっしゃるかもしれませんが、**あなたが今までかけてきた、度の合っていないメガネのようなもの**だと思ってください。

さて、メガネと言いましたが、それに関する漢字として「視」があります。そして、同じ「視」という漢字を用いるのですが、「視点」と「視野」と「視座」という3つは異なっています。この説明をするのは、本書で「視座」という言葉を多用するからです。

「視点」とは、「どこを見るか？」という意味です。「業績を示すさまざまな数字の中でどれを重視するか？」などは「視点」に該当します。

「視野」とは、「どんな範囲で見るか？」という意味です。「どのような業界、どのような事業領域で勝負するか？」「どのような年数で計画を立てるか？」などは「視野」に該当します。

そして「視座」とは、「どこから見るのか？」という意味です。「中間管理職の立場として物事を見るか？」「会社の一経営者として物事を見るか？」「それとも日本のリーダーとして物事を見るか？」などが「視座」に該当します。

「視点」は「視野」を手に入れることでより広範囲に意識が向けられるようになり、「視野」は「視座」を手にすることでより高い位置から見渡せるようになります。

「誤認」とは度の合っていないメガネのようなものなので、そもそも「視点」すら合っていません。まずはそのメガネを外し、「視点」を合わせる必要があります。

「視点」が合ってくると、「目の前にあるのにあなたには見えていなかった」風景が見えてくる、つまり「視野」が広がってくるのです。

その上で自分自身を高める習慣をつけていくと、今度は「視座」が変わり、さらに「今までとはまったく違う」風景が見えてくるようになるのです。

私はあなたに、**人として、経営者としての視座が上がる体験**をしていただきたい。そして、**より良い影響を周囲に与え、より大きな規模で活躍する方**となっていただきたい。本書を出した私の目的はそこにあります。

私がさまざまな研究と実践を積み重ね、独自に完成させた「RCFメソッド®」は、人々を誤認から解き放ち、視座を上げていくためのメソッドなのです。

あなたの視界をゆがめてきた「3つの誤認」とは何か？

では、あなたがこれまでの人生でしてきた「3つの誤認」とはいったい何なのでしょうか？　それは、

1　過去の誤認
2　能力の誤認
3　意志の誤認

の3つです。

【1過去の誤認】【2能力の誤認】【3意志の誤認】は、連動しています。

いちばん初めにくるのが［1過去の誤認］です。あなたの人生に特に大きな影響力を持つ人物（親や教師など）の言動や、大きな影響を持つ教え（学校教育など）の内容が、あなたの価値観形成の元となっています。その誤認を出発点として、［2能力の誤認］［3意志の誤認］も起こってきます。

わかりやすい例を挙げて解説していきます。

あなたが子どもの頃、両親から「自分たちは2人とも走るのが遅かったからなあ……運動神経は遺伝するらしいぞ」という言葉を聞かされたとしましょう。それを聞いてあなたは、その言葉の根拠などをろくに調べもせず、「そうなのかあ……」と、両親からの言葉を受け取ってしまい、「足の遅い両親の元に生まれたのだから、自分も足が遅くて当然だ」と思ってしまうようになります。これが**【1過去の誤認】**です。

そんなふうに過去の誤認をしているあなたは、追いかけっこで友達に追いつけなかったり、徒競走で1番になれなかったりすると、速く走るための練習などもしないうちから、「あぁ、やっぱりな」と決めつけてしまうようになります。これが**【2能力の誤認】**です。

となると、「中学生になったら陸上部に入ろう」とか、「将来は100mの日本代表としてオリンピックに出て金メダルを獲るぞ」という夢など、当然描けるはずがありませんよね。これが**【3意志の誤認】**です。

「そういうものなんだ」→「自分には能力がないんだ」→「そんな夢など叶うはずないよね」という3段階を経ることで、もしかしたら持っていたかもしれない視座（＝「将来は100mの日本代表としてオリンピックに出て金メダルを獲るぞ」という夢）が持てなくなってしまうのです。

「誤認」とはどういうものかは、次のCHAPTER3でさらに詳しく解説しますが、「誤認」があなたの人生に非常に大きな影響を与えている存在であることは、ざっくりとイメージしていただけたのではないでしょうか。

……と、ここまで読んでみて、中には、

「それは、厳しい親やネガティブなことばかり言う親の元で育った、自己肯定感の低い人間だけの話では？　自分には当てはまらないはず」

と思う人もいるかもしれませんね。

残念ながら違います。

すべての人が、この「3つの誤認」をしています。

もちろん、あなたも「誤認」をしている1人です。

なぜなら人間の脳には、「ネガティブな記憶のほうが残りやすい」という特性があるからです。これは、かつて地球上で弱い立場に置かれていた人間が、種として生き残るために進化させた特性です。古代人たちにとって「以前、あの池のほとりの木においしい実がなっていた」といったポジティブな記憶よりも、「以前、森のあそこの藪をつついたらヘビが出てきた」といった命に関わるネガティブな記憶が残りやすいのは、当然と言えば当然です。

そして、脳の特性はあまり大きな変化をすることなく、現代を生きる人間誰もが「ネガティブな記憶のほうが残りやすい」という特性をいまだに備えているのです。それが「3つの誤認」を生む、大きな要因となっています。

そのため、体系的な知識をしっかりと学び、その上で自らを「誤認」から解き放つ作業を行って、その後も「誤認」に引っ張られない習慣を身につけることが必要なのです。

逆に言えば、「3つの誤認」を解くことで、あなたの可能性は一気に開花します。

私はセミナーの参加者などによく、

・「誤認」は本人の単なる思い込みで何の根拠もない
　←
・にもかかわらず、人は「誤認」に満ちている
　←
・ゆえに、ほとんどの人の可能性は未開発に等しい
　←
・であるから、すべての人の伸び代が無限に広がっている

という説明を行っています。

あなたは、自分の能力や役割、そして周囲の能力や役割をこれまで以上に認め、信じることができるようになります。そして、あなたの描く将来のビジョンは広く、深くなっていきます。

その結果、あなたの会社は、現在とは比べものにならないレベルに向上し、世の中に対してさまざまな貢献ができるようになるのです。


いかがでしょうか？

今まであなたを縛ってきた「3つの誤認」から解放されたとき、経営者であるあなたが見る景色は、今までとまったく違うものになるのです。

それは、決して難しいことではありません。あなたの中で「誤認から解放されるためのステップに進もう」と、ただ決意するだけです。

この本は「3つの誤認」を解くために段階を踏んで進んでいく

では、具体的にどのようなステップを踏むことで、あなたは「3つの誤認」から解放され、あなたの視座は広がっていくのでしょうか？

それが、この4つです。

・ステップ1……自分を知る（CHAPTER5で詳しく解説）
・ステップ2……関係性を知る（CHAPTER6で詳しく解説）
・ステップ3……世界を知る（CHAPTER7で詳しく解説）
・ステップ4……使命を知って導く（CHAPTER8で詳しく解説）

詳細についてはそれぞれのCHAPTERで解説していきますが、ステップ1〜4ではいずれも**RCFメソッド®を使って「知る」というアクション**を取ります。

初めは「自分自身」という等身大の領域について知る。その上で、「あなたの大切な人と自分自身」という、より広い領域について知る。さらに、「あなたの会社と社会」といった、さらに大きな領域を知り、最後に「自分の人生と地球」あるいは「自分の人生と未来」といったレベルの領域について知る……つまり、あなたの「知る」の領域が、より広く、より深くなっていくわけです。

その結果、自分自身の視野の狭さ、視座の低さゆえに、「前からあったのに気づけなかったもの」に、あなたは気づき、見通せるようになるのです。

ステップ1「自分を知る」とステップ2「関係性を知る」を基本編とするならば、ステップ3「世界を知る」とステップ4「使命を知って導く」は応用編にあたります。まずは、**ステップ1「自分を知る」とステップ2「関係性を知る」までをしっかりと読み込み、その内容を肚落ち**させてください。それだけで、あなたの会社は劇的な変化を遂げることでしょう。

その上で、ステップ3や4にも進めそうであれば、ぜひ進んでいただき、あなたの視座をより高いものにしてください。

CHAPTER

3

「誤認」とはどういうことか？

あなたの認識は環境によって無意識下でつくられている

人は「3つの誤認」をしている。その3つとは「1過去の誤認」「2能力の誤認」「3意志の誤認」である——CHAPTER2で私はそう書きました。

ここでは、まず「誤認」という言葉について、さらに深掘りしていきましょう。

あなたは、日々生きていく中でさまざまなことを「認識」していますよね。「認識」とは、敢えて端的な言葉を使えば「物事を判断する心の働き」のことです。その「認識」の連続により、あなたの人生は形づくられていきます。

ところで、人は物事をどんなふうに「認識」していると思いますか？

「自分の意志で、しっかりと決断している」と答えた方、残念ながら違います。ほとんどの認識は、**無意識下で**行われています。つまり、**何となく物事を判断しているの**です。

そして、その無意識に行われる認識に大きな影響を与えているものが、**自分が育ってき**

た環境です。保育園や幼稚園、学校、部活やサークル、会社……など、さまざまな環境が挙げられますが、なかでも特に影響があるのは、自我を構成した環境要因である「家庭環境」や「教育環境」です。詳しくは後述しますが、**「あなたが子どもの頃から家族の中でどのような役割を果たしてきたか？」「あなたがどんな学校教育を受けてきたか？」**などは、この機会にあらためて問い直す必要があります。

つまり、育ってきた環境や学んできた環境でインプットされた情報が、あなたの現在の「認識」の〝材料〟となっており、その「認識」に基づいた〝選択〟が、あなたの生き方を創っている――というわけです。

ミスリード(Misread)によってミスリード(Mislead)が生まれる

ここで、「誤認」について、さらに考えてみます。

「誤認」とは、あなたの思い込みにより、本来うまくいくはずだったことがうまくいかなくなってしまった一連のプロセスのこと――と理解してください。

セミナーの参加者などに具体的にイメージしてもらうために、私はよく「3つの誤認」と並行して「ミスリード（Misread）がミスリード（Mislead）を生む」という言葉を使っています。

どういうことか？

例えば、サラリーマン家庭で育ち、子どもの頃、父親が母親に「社長が金持ちなのは自分たちをこき使っているからだ」と言っているのを聞いてしまったらどうでしょうか？

すべての会社がそうであるはずもなく、またやり方さえうまく考えれば社長も社員も幸せになれる体制がつくれるはずなのに、「そういうものなのか」とあなたの潜在意識に刷り込まれてしまいますよね。これが最初の「誤認（間違った思い込み）」＝**ミスリード（Misread）**です。

そんなあなたが社長になりたい最大の理由、それは**「上の人間にこき使われたくないから」という潜在的な不安や恐怖**です。そのため、実際に社長になったとしても、やはり「社員をこき使う」という前提で経営をしていくという「誤認に基づく行動」＝**ミスリード（Mislead）**が生まれてしまうのです（次ページ図参照）。

ミスリード（Misread）がミスリード（Mislead）を生む流れ［父親の影響編］

「社長が金持ちなのは自分たちをこき使っているからだ」という親の刷り込み

1 過去の誤認（間違った思い込み） ＝ misread

↓

「社長と社員は対立構造」という認識で勉強を続ける

1 過去の誤認に基づく行動 ＝ mislead

↓

「社員を馬車馬のように働かせるノウハウを獲得しなければ社長になれない」という思い込み

2 能力の誤認（間違った思い込み） ＝ misread

↓

「社員を馬車馬のように働かせるノウハウを獲得しなければ社長になれない」という経営について学ぶ

2 能力の誤認に基づく行動 ＝ mislead

↓

「社員を馬車馬のように働かせなければ生き残れない」という思い込み

3 意志の誤認（間違った思い込み） ＝ misread

↓

「社員を馬車馬のように働かせる」という経営スタイルを選択する

3 意志の誤認に基づく行動 ＝ mislead

ミスリード（Misread）がミスリード（Mislead）を生む流れ［教師の影響編］

「日本は戦争中に本当にひどいことをした、とても悪い国だった」という教師の刷り込み

1　過去の誤認（間違った思い込み）＝ misread

↓

「日本は悪い国だった」という認識でさまざまな情報を集める

1　過去の誤認に基づく行動 ＝ mislead

↓

「日本というひどい国で育った自分が国際社会で活躍できるはずがない」という思い込み

2　能力の誤認（間違った思い込み）＝ misread

↓

「国際社会で活躍する存在になろう」という選択肢を初めから捨ててしまう

2　能力の誤認に基づく行動 ＝ mislead

↓

「自分の会社がグローバルに展開なんてあり得ない」という思い込み

3　意志の誤認（間違った思い込み）＝ misread

↓

「国内で“身の丈”に合った領域で」という経営を選択

3　意志の誤認に基づく行動 ＝ mislead

あるいは、小学校の先生が、あなたに「日本は戦争中に本当にひどいことをした、とても悪い国だった」と教えていたとしたらどうでしょうか?

戦争中に日本軍が行ったことと日本が積み重ねてきた歴史や培ってきた文化は「良い／悪い」の二元論で語れるほど単純なものではないはずなのに、「ひどいんだ、悪いんだ」といった負い目が潜在意識に植えつけられます。ここで「誤認（間違った思い込み）」＝**ミスリード（Misread）**が生まれてしまいます。

そんな負い目がある日本人経営者は「よし、国際社会のリーダーとなって世界中で大活躍するぞ」となかなか思えず、小さな世界に留まってしまうという「誤認に基づく行動」＝**ミスリード（Mislead）**を犯すのです（前ページ図参照）。

前にも触れましたが、人はケース・バイ・ケースで最適な答えを選んでいると自分では思っています。

ところが、そうではないのです。

実は、あなたは毎回「同じ回答パターン」で答えを出しています。

つまり、あなたの会社がうまくいっていなかったり、伸び悩んでいるのだとしたら、その最たる原因は、経営者であるあなたの「3つの誤認」によるミスリードにあるわけです。

逆に言えば、あなたが「3つの誤認」によるミスリードをしないようになりさえすれば、あなたの人生は好転し、あなたの会社の経営は自然とうまくいくのです。そういったミスリードを解くために私が独自に開発したメソッド、それが本書で後述する「RCFメソッド®」なのです。

何よりも私自身が「誤認」の連続の中で生きてきた

私はこれまでたくさんの経営者に「経営者のあなたが誤認から解放されることで、あなたの会社は劇的に変わりますよ」と成功の原理原則をお伝えし、サポートしてきました。

なぜ、それが可能だったのか？

それは、誰よりも自分自身が**「誤認」に悩まされた人間**だったからです。

私は、学校教育にトラウマのような思いを持つ人間です。今となってはそう言えるのですが、実は大人になってもなかなか「そうだったのか！」と気づくことはできず、30歳を過ぎるまで大きな苦しみを抱えることになりました。

きっかけはわかりません。子どもの頃、先生のことや教室の雰囲気が好きではありませんでした。「なぜイスに座ってこの先生の話を聞いていなくちゃいけないんだ？」「なぜ自分のやりたい勉強じゃなくて、他人が決めたことをやらされなくちゃいけないんだ？」という思いでいっぱいでした。

先生や親には「できるのにやらない子」「良いものを持っているのに……」という評価をされました。〝やる理由〟が自分の中から湧き上がってくることが大事だったのに、それが湧き上がってこなかったのです。

中学に入ってもそれは変わりませんでした。周囲の目を気にし、できない生徒というレッテル貼りをされるのをただただ避けたいがために、テスト前の一夜漬けの対策で何とか平均点を取るという、ノウハウに頼った勉強で乗り切ってきました。**「過去の誤認」や「能**

力の誤認」によるミスリードを行ってきたわけです。

勉強には意義を見出せない小中学校時代でしたが、水泳だけは別でした。１９８４年のロサンゼルス・オリンピックに魅せられて、「アメリカすごい」「世界新すごい」という思いでオリンピック代表を目指して頑張っていたのです。高校は水泳のスポーツ推薦で入り、日本一を目指しました。

ところが、そこそこ良い成績は残せるものの、肝心のところで自分の思うような結果が出ません。大学に進むときは水泳に見切りをつけ、個人競技という意味では共通点があると思えたボクシングに転向しました。

ただ、大学時代も、自分では「これ以上は頑張れない」というほどストイックに打ち込んだのに、思うような結果は得られなかったのです。

私は競技生活において、大きなジレンマを抱え、指導者をまったく信頼できず、仲間はすべて敵と見なす毎日を送ってきました。

自分では「自分の期待値」と「結果」が合致せず、その結果、**何をやってもうまくいかないという思いにさいなまれる……という同じパターンを何度も繰り返していた**のです。

大学卒業直前に、卒業論文の制作を通して、**「なぜ自分はうまくいかないのか？」ということに目が向きはじめました。**その結果、大学の授業および大学院で、コミュニケーションやチームビルディングについて専門的に学びました。

そこで得た知識や体験をアメリカで実践してみようと渡米し、ロサンゼルスで社会人生活をスタートさせたのです。

アメリカに渡ってからの自分は順風満帆だったと言いたいところですが、実際は試行錯誤の連続でした。

うまくいったこと、素晴らしい出来事も、もちろんたくさんありました。ビジネスの恩師となる存在との出会いや、妻との出会い、ビジネスコンサルタントとしての活躍、IT系の法人営業で全米トップになれたという輝かしい成果、日系企業のアメリカ法人でのトップの経験……など。

その一方で、うまくいかないと悩んだことは数知れずありました。いや、比重で表すならば、うまくいかなかったことのほうが圧倒的に多いのです。

ロスで一時期、学習塾の講師をしていた時期がありますが、自分自身の学校教育へのトラウマに気づけないまま無理して頑張ってしまい、側湾症による腰痛で歩けないほど身体を壊してしまったことがあります。

また、インドに滞在していた妻が腸チフスにかかって帰国した際には、巨額な入院費によって深刻な経済危機に陥り、仕事も家庭も崩壊危機に追い込まれました。娘の「スケート選手になりたい」という夢を叶えてやりたいのに、妻の入院で多額の費用がかかるので、何とか捻出しなくてはならないという状況でもありました。

そこで立ち上げたコンテンツビジネスでは、さまざまな批判を浴びて……という状態で、この頃の自分はまさに、**同じパターンで同じところをグルグルと回っている、泥沼状態**でした。

そんなどん底状態を経て、さまざまな学びをした後、ようやく独自に開発したのが**「RCFメソッド®」**なのです。

その効果を知っているのは、誰よりも自分自身――。だからこそ、「あの頃の自分」と同じ悩みを持つ人に、説得力を持ってお勧めできるのです。

「誤認」を解消すれば、悪循環が好循環に変わる

「RCFメソッド®」は、あなたがこれまでの人生で重ねてきた「誤認」を解消するためのメソッドです。

具体的にどのようなメソッドなのかについては、次のCHAPTER4で解説していきますが、その原理原則は非常にシンプルで、自然の摂理に根ざしたものです。その原理原則を知らず、自然の摂理に逆らってしまうために、うまくいかないだけなのです。

「川の流れに乗れば(=RCFの原理原則を知って「誤認」を解消すれば)、力を使わずに進める(=会社の経営も人生もうまくいく)のに、川の流れに逆らって進もうとするから(=RCFの原理原則を知らず、「誤認」をしたまま行動を積み重ねるから)進めない」といったイメージでしょうか。

売上や集客の悩み、従業員の確保や教育、会社の評判……など、RCFメソッド®を使ってあなたの「誤認」を解消するだけで、あなたの会社が陥っている悪循環は好循環へと変わるのです。

CHAPTER

4

「誤認」が解ける「RCFメソッド®」とは何か？

「RCF」にはどんな意味があるのか？

私が独自に開発した「RCFメソッド®」は、あなたを長年悩ませてきた、けれどもあなた自身がこれまでなかなか気づけなかった「誤認」から、あなたを解放するためのメソッドです。

では、「RCF」とは、どんな意味なのでしょうか？
これは「Result Creation Formula」の頭文字を表しています。

- Result（リザルト＝結果）のR
- Creation（クリエイション＝創造）のC
- Formula（フォーミュラ＝公式）のF

つまり、**「望んだ結果を生み出す公式」**という意味が込められています。

少し専門的になりますが、より詳しく解説します。

RCFメソッド®は、人間の意識が脳を使ってどのように現実を生み出すか、そのメカニズムをモデル化しました。

このメソッドを活用することで、あなたの意識、思考、行動、習慣が変わり、目指した結果を生み出すことができるようになります。

RCFは、**「永続的に成功している人たちに共通する『結果を生み出し続ける』ための習慣」**とも言い換えられます。成功者たちを分析すると、たとえRCFメソッド®という言葉を知らなくても、例外なくRCFのメカニズムに基づいて非凡な結果を生み出し続けています。1人1人の能力、可能性を最大限に引き出す、非常に再現性の高いメソッドなのです。

自然界の成長プロセスを人間の成長に置き換えたメソッド

RCFメソッド®は、自然界の要素である次の4つから成り立っています。

1 Fire（火・太陽）
2 Water（水）
3 Air（氣・空気）
4 Earth（土・大地）

この4要素は「Fire→Water→Air→Earth」の順で、1つの輪としてつながっています。

この自然界の4要素を「人の成長プロセス」に当てはめていきます。

種が大地に落ちれば、その種がひとりでに実り、やがて生い茂っていきます。それと同じことが人間でも起こるという考え方、つまり「人間＝種」と同じ発想に基づいて、種か

ら木が生い茂っていくかのごとく「人間的成長」を遂げれば、経営はもちろんのこと、人生のすべてのことがうまくいくようになる――と考えるわけです。

ちなみに、自然物の繁栄に「ここまで生い茂ったらもう伸びるのをやめる」といった決められたゴールが存在しないのと同様に、「人間的成長」にも決められたゴールは存在しません。「生きている限り、人として成長を続けていく」「その人にとって必要なものはすべてすでに持っている」――という大前提がＲＣＦメソッド®にはあります。

では、「人間的成長」とは、どういったものでしょうか？

成長の要素は、

1　Fire（火・太陽）＝視座
2　Water（水）＝信頼
3　Air（氣・空気）＝覚悟
4　Earth（土・大地）＝習慣

というように置き換えられます。

この4つは、1つの輪のようにつながっています。より高いレベルを目指して、「より高い視座を持つ」「より大きな信頼を育む」「より強く深い覚悟を持つ」「より質の高い習慣を身につける」というサイクルを回し続けることが、「人間的に成長する」ということなのです。

4つの要素をぐるぐる回す感覚で行う

ちなみに、このFire（火・太陽）、Water（水）、Air（氣・空気）、Earth（土・大地）という4要素は、それぞれが単独で存在しているのではなく、**順番通りにつながっているの**です。

63ページの図にもあるように、

1　Fire（火・太陽）＝視座
↓
2　Water（水）＝信頼
↓
3　Air（氣・空気）＝覚悟
↓
4　Earth（土・大地）＝習慣

の順で巡り、また Fire（火・太陽）に戻ります。

つまり、ぐるぐると回転しながら上昇していく螺旋階段のようなイメージです。

詳しくはこれから解説していきますが、まずはこの螺旋階段のイメージを頭に入れておいてもらえると嬉しいです。

4つの要素を使った上昇イメージ

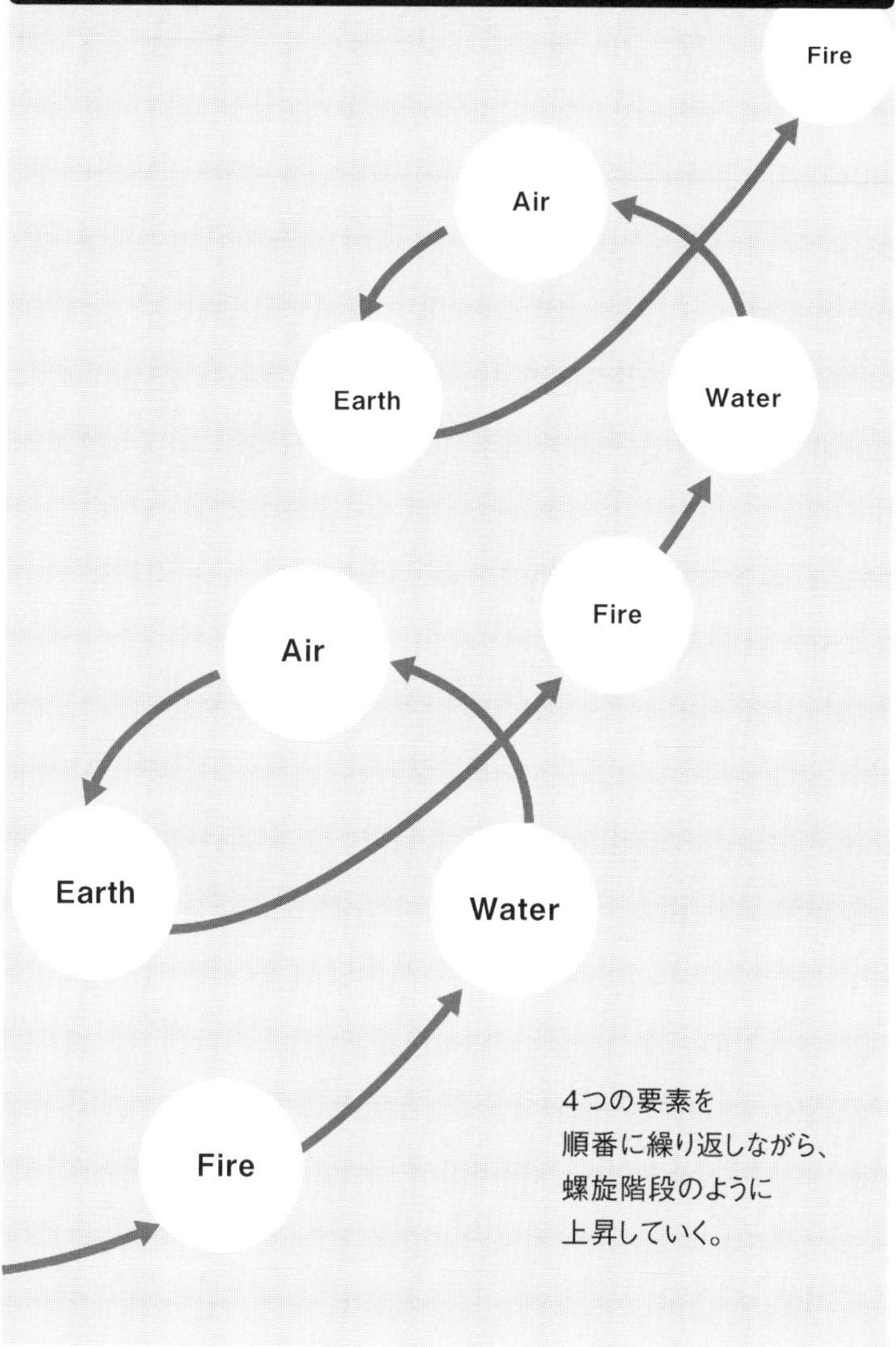

「RCFメソッド®」を使って自分・関係性・世界・天命について知る

Fire（火・太陽）、Water（水）、Air（氣・空気）、Earth（土・大地）の4要素を元にした「RCFメソッド®」を使うと、あなたはまず「自分の脳にどんなクセがあるのか？」を詳しく知ることができます。

つまり、「自分自身を知る」ことができ、それによって無意識のまま長年行ってきた「誤認」に気づくことができます。

「自分自身を知る」ことができたら、RCFの基本原則を使って「従業員や家族など、身近にいる大切な人間関係を知る」ステージへと進めます。「人間関係を知る」ことができれば、「あなたの会社と社会との関係を知る」ステージや、「あなたの人生の使命を知る」ステージへと上がっていくことができます。

準備はできていますか？
それでは、第1ステージの「自分を知る」に進んでいきましょう。

PART

Ⅱ

実践編

PARTⅠで前提を理解してもらったら、いよいよ実践に入ります。ここでは、実際にいろいろなワークに取り組んでもらったりして、段階的に「自分を知る」「関係性を知る」「世界を知る」「使命を知って導く」と進んでいきます。もし、それでも何をしていいかわからなければ、最後にとっておきの方法を記しました。ぜひそこからでも始めてみてください。

CHAPTER

5

第1ステージ

自分を知る

まず「自覚」をしなければ、自分を変えることはできない

このCHAPTER5では、「RCFメソッド®」の手法を用いて、「あなた自身を知る」というワークを行っていきます。

具体的なワークに入る前に、1つだけ皆さんに理解していただきたいことがあります。それは、RCFメソッド®が導き出す結果は、すべて疑うことのない真実だと〝自覚〟することです。

占いなどのように、他の誰かが「あなたはこういう人間だ」といった〝お告げ〟ではなく、あなたがあなた自身を診断するためのツールです。

ところが、診断の結果に疑問を持ち、受け入れることを拒否しようとしてしまう人が少なからずいるのです。

結果の受け入れを拒否するということは、自分の意識がまだまだ外側に向いている状態です。「自分自身を知ろう」と心から思っている人は、自分と向き合おうとしているので、意識が内側に向いているのです。

自分の意識を内側に向けるには、「どんな結果であっても受け入れる」と〝自覚〟することです。

〝自覚〟できれば、スタートを切ることができます。逆に、〝自覚〟できないままでは、一歩も前に進むことができません。すべての始まりと言えるほど、私はあなたの〝自覚〟を重要視しています。

これから出るどんな結果も、自分のものとして受け入れる——その〝自覚〟を持てたら、次のページへと進んでください。

4つの自然要素は脳内の創造プロセスと合致する

RCFメソッド®は、1Fire（火・太陽）、2Water（水）、3Air（氣・空気）、4Earth（土・大地）の4要素に人間の成長を当てはめたもので、この4要素は「Fire→Water→Air→Earth」の順で、1つの輪としてつながっているという解説をしました（61ページ参照）。

この「Fire→Water→Air→Earth」の4要素は、実は「物事を創造する際の脳内プロセス」と見事に合致しています。

その4つとは、

1 Fire（火・太陽）＝アイデア
2 Water（水）＝感情
3 Air（氣・空気）＝思考

4 Earth（土・大地）＝計画

です。

つまり、人は通常「アイデアを思いつき、感情で判断し、うまくいく方法を考え、具体的な計画へと落とし込む」という流れで創造を行っています。

アイデア、感情、思考、計画は、喩えるならば、絶対に必要な鍋料理の材料です。**「自分の望むおいしい料理（＝自分の望む幸せな人生）をつくるには、どの材料から鍋に入れるか？」がとても重要です。必ず、「アイデア→感情→思考→計画」の順番**で入れていきます。

ここで、本書の肝とも言うべき、非常に重要なポイントを述べます。

まず1つめのポイントです。

過去、能力、意志の「3つの誤認」によって、大半の人は「Fire（アイデア）→Water（感情）→Air（思考）→Earth（計画）」のプロセスのどこかでブレーキをかけてしまいます。

せっかく良いアイデアを思いついても失敗に終わるのが怖くて感情が落ち込んでしまったり、せっかくワクワクする感情があってもやり切る自信がないとあきらめてしまったり、やれる能力や環境はあるのに実現したいことがイメージできずに一歩を踏み出せなかったり……といった具合なので、なかなか創造に至らないのです。

これが、人生が思い通りにいかない原因となっています。

ところが、**成功し続けている人は、過去、能力、意志の「3つの誤認」から解放された状態ですから、途中でブレーキをかけることがなく、スムーズに流れていくのです。**

成功者と同じように、「3つの誤認」からあなた自身を解放し、途中で自らブレーキをかけないようにすることができるようになれば、あなたの能力は最大限に発揮され、あなたの会社は飛躍的な成長を遂げられるようになります。

あなたの意識の偏りがわかる「RCFメソッド®脳診断」

「3つの誤認」からあなたを解放するためには、まず初めに現状分析、つまり「あなたの脳のクセ」を知る必要があります。

そのクセを診断できるツールが、私が独自開発した「RCFメソッド®脳診断」です。設問は全部で18問あり、4つの選択肢から1つを選んでいきます。回答を終えると、『アイデア』と『感情』については自分自身で好き・得意だと感じているが、『思考』と『計画』については嫌い・苦手と感じている」といった、あなたの脳のクセがわかります。

脳のクセを〝見える化〟することで、あなたをこれまで縛りつけてきた「誤認」に気づく糸口となります。

ちなみに、もしもあなたが思考や計画が嫌い・苦手と感じているのなら、あなたがそう思ってしまった何らかの体験があるはずです。その体験を思い出すことができれば、あなたの「誤認」はさらに解けていくことでしょう。

ですから、「RCFメソッド®脳診断」によってスコアが偏っている（低すぎる／高すぎる）と判定された箇所に注目してください。

スコアの低い箇所は、意識が脳の機能を使い切れてないブラインドスポットになりやすいですし、逆にスコアの高い箇所はそこに執着が発生している可能性が高いので、より盲点となりやすい可能性があります。

料理もまったく同じですよね。苦手なレシピや調理法のメニューはあまりつくらないですし、逆に得意だと思っているメニューは何度もつくったりしますが、創意工夫しなくなる可能性があります。

自らの脳のクセを知り、「誤認」が解けるにしたがって、アイデア、感情、思考、計画のどの項目も自然と大きくなっていき、あなたは大きな成長を遂げるようになります。すると、あなたの会社の成長も、あなたとまったく同じ軌道を描いていきます。

冒頭で私が「あなたの会社がうまくいかない原因は、あなたの在り方にある」と言ったのは、まさにそういうことなのです。

逆に言えば、あなたがあなたの脳のクセをわかっていないから、無意識のうちに毎回同じパターンを繰り返してしまうのです。それがうまくいくパターンであれば良いのですが、うまくいかないパターンであれば……、そう、同じ結果が出るだけです。

脳科学の世界では「行動の結果の90％は行動する前から決まっている」と言われています。まずは、あなたの脳のクセがもたらす自分のパターンを知り、そのパターンを変えない限り、「今度こそ本気で」と意気込んだところで、〝失敗の拡大再生産〟をするだけなのです。

では、あなた自身の「脳のクセ」を知るために、「RCFメソッド®脳診断」をやってみましょう。アプリもありますので、次ページのQRコードからアクセスしてください。

そして、78ページの菱形チャートに診断結果を書き込んでみましょう。

	C		D	
		チームプレーヤー Team Player		モチベーター Motivator
		柔軟性に富む Flexible		熱意にあふれる Enthusiastic
		支援的 Supportive		外交的 Outgoing
		適応力がある Adaptable		エネルギッシュ Energetic
		思いやりのある Sympathetic		自発的 Spontaneous
		のんびり Laid Back		社交的 Sociable
		従順な Compliant		想像力にあふれる Imaginative
		ルールに従う Follows Rules		予期不能 Unpredictable
		安定を求める Need Stability		自由を求める Need Freedom
		気楽に Easygoing		粘り強く Persistent
		安心 Reassurance		興奮 Excitement
		忍耐力のある Patient		気さくな Approachable
		優柔不断 Indecisive		忘れっぽい Forgetful
		協力的 Cooperative		説得力のある Convincing
		期待以上をこなす Extra Miler		人間関係を重視する People Oriented
		目的がはっきりしない Undirected		規律のない Undisciplined
		仲介上手 Good Mediator		刺激を与える Inspirational
		援助的 Helpful		興味深い Interesting

RCFメソッド®脳診断

①ABCDの中で最も自分に当てはまるものを直感で選択してください。
②ABCDそれぞれの選んだ合計を一番下の欄に書き込んでください。

	A		B	
1		リーダー Leader		計画係 Planner
2		決断力がある Decisive		細かい Meticulous
3		直接的 Direct		テクニカル Technical
4		問題解決ができる Problem Solver		構造的 Structured
5		意欲的 Driven		正確 Precise
6		目標に向かう Goal Oriented		計画に沿う Scheduled
7		自立 Independent		分別のある Sensible
8		野心に満ちた Ambitious		整理された Organized
9		チャレンジを求める Need Challenges		秩序を求める Need Order
10		大胆に Dold		慎重に Careful
11		行動 Action		論理 Logic
12		責任を負う Take Charge		用心深い Cautious
13		せっかち Impatient		完璧主義 Perfectionist
14		勝ち気 Competitive		整然とした Orderly
15		自ら決定できる Self Directed		集中力のある Focused
16		落ち着かない Restless		疑い深い Skeptical
17		影響力のある Influential		時間に細かい Time Conscious
18		的を得た To the Point		特定のことに詳しい Specific Detail
合計				

RCFメソッド®脳診断の
アプリはこちら

RCFメソッド®脳診断の結果

前ページの結果をチャートに記して線で結んでください。

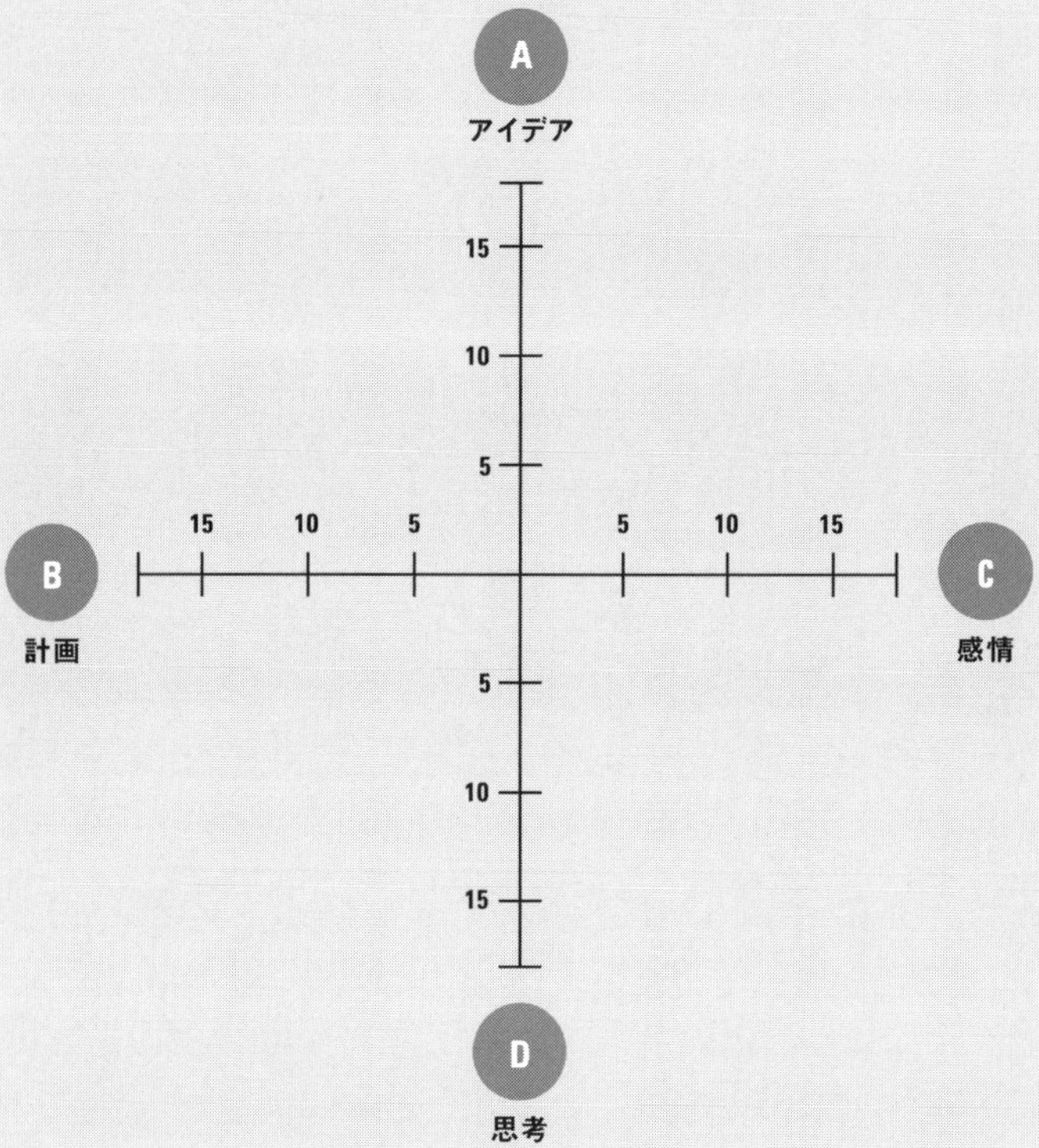

診断結果でわかってくるのはあなたの無意識の思い込み

誤解しないでください。

この診断結果のスコアは、「あなたの好きなこと・得意なこと」を表しているわけではありません。「あなたが自分のことをそう評価している」という、あなた自身の思い込みを表しているのです。「アイデア」のスコアが高いからといって、あなたからどんどん良いアイデアが出てくるというわけではありません。

余談ですが、「有能である」「無能である」といった能力評価基準は、学校が植えつけた非常にバカげたものだと私は思っています。「人種差別はいけないことだ」と認識している人ですら、日常で何気なく「アイツはできる奴だ」とか「お前はできない人間だ」といったことを口にしています。私は、その発言も非常に差別的だと感じています。

私は人の成長に関して長年研究を続けてきましたが、「能力の優劣」というものは存在しない、ただの「学習サイクル」があるだけ――というのが私の至った結論です。

歩ける人、箸を使える人、自転車に乗れる人、車を運転できる人、パソコンを使いこなせる人、水泳やテニスなどスポーツができる人などは、何をやってもすべて成功できます。どんな小さなことでもいい。それまでうまくできなかったことができるようになった経験を持つ人は「学習能力」があるということです。

学習が効果的か、効果的でないかによって、能力の獲得速度が変わります。ただ、それだけなのです。

あなたが持っている脳のクセは今後の体験で改善することができる

あなたの〝思い込み〟があなたの脳のクセを生み出しているのですから、その脳のクセは今後の体験によって簡単に治すことができます。

ここからは、スコアの傾向別にクセを治す方法について解説していきます。「アイデア

→感情→思考→計画」の順に、あなたのスコアと解説を照らし合わせてみてください。そして、あなたの脳のクセの全体像をつかんでみましょう。

1 「アイデア」のスコアが意味するもの

Fire（火）に位置する「アイデア」は、発火、発動、広がりといったイメージがあり、経営においては、創造の原点、インスピレーション、リーダーシップ、方向性などのキーワードを連想させます。

アイデアは、心の防衛本能が強いと、なかなか働きません。また、たとえ出てきたとしても不安や恐怖に基づいたアイデアばかりになってしまいます。

ですから、まずは自己肯定感を高めていく必要があるのです。**「小さな成功を積み重ねる」**、あるいは**「人に受け入れてもらう体験をする」**ということがポイントになります。

また、「脳の本能領域、感覚器官からの情報入力を自然現象から行ってきたか？」がアイデアの引き出しになってきます。ですから、**「今までにない体験をする」**ということもポイントです。

ちなみに、アイデアのスコアが高い人は、「自分はアイデア出しが得意だ」という思い込みが成長を邪魔している場合があります。今までのやり方を疑えなかったり、人に委ねることができなくなっている危険性があるのです。

これはどのスコアにも言えることですが、「高いから良いというわけではない」ということ。そういう脳のクセを持ってあなたが日々生きているという「事実」として受け止めることが大事です。

●「アイデア」のスコアが低い人にお勧めのエクササイズ

（※すべてのノウハウを記述できないので、検索エンジンを使って調べてみてください）

・普段なら絶対にやらないであろうことをやってみる（これまでの自分なら入らない店に入ってみる、今まで避けてきたアトラクションを体験してみる、新しい習い事を始めてみるなど）
・オズボーンのチェックリスト法を導入する
・ボブ・イバールのSCAMPERを取り入れる
・ブレインストーミングを行う

・日々の気づきをお互いにシェアし合うミーティングを持つ
・コアチューニング®で脱力できる身体を手に入れる

2 「感情」のスコアが意味するもの

Water（水）に位置する「感情」は、つながる、染み渡る、浸透する、柔軟さ、愛情、喜び、美といったイメージを持ち、経営においては、拡張、拡大などのキーワードを連想させます。

感情は、人間関係と大きく関係している項目です。ですから、日々の人間関係において萎縮しているような心の状態だと、なかなか感情を表に出せなくなってしまいます。特に日本人の場合、感情が不活性である人が多いのですが、情緒的なつながりを他人と持ちにくくなってしまいます。

ですから、**「苦手だ、嫌いだと思っている相手のことを気にせず過ごす」**、**あるいは「自分が好きだ。一緒にいて心地良いと感じる相手とできるだけ長くいる」**といったことがポイントになります。

また、脳の本能領域、感覚器官からの情報入力を自然現象から行うことも感情の振り幅を大きくすることにつながっていきますから、**「全速力で走る」「大きな声を出す」「思い切りジャンプする」**なども効果的です。

ただし、感情のスコアが高かった人も要注意です。なぜなら、「自分は感情表出が得意だ」と思い込み、「自分の思いは相手にすべて伝わっているに違いない」と疑わなくなってしまう危険性があるからです。

●「感情」のスコアが低い人にお勧めのエクササイズ

（※すべてのノウハウを記述できないので、検索エンジンを使って調べてみてください）

・全速力で走る・音楽をかけながら体操をする
・喜怒哀楽を全身で表現する感情ダンスをやってみる
・思い切り変顔コンテストをやってみる
・自分の目標や志を大声で宣言する（インカンテーション）
・子どもの頃の遊びをもう一度やってみる

3 「思考」のスコアが意味するもの

Air（空気）に位置する「思考」は、より良くする、磨き上げる、無駄を取り除くといったイメージを持ち、経営においては、表現、洗練、言語化、選択、絞り込みなどのキーワードを連想させます。

アイデアや感情が拡張のエネルギーだとすれば、思考や計画には収縮のエネルギーが必要です。

思考が活性化していない経営者は、危機管理ができず、その場その場の感情で動いてしまう危険があります。

思考は、アイデアや感情に比べて、より技術やノウハウでカバーできる部分です。つまり、**「やり方を知っていて、実際にやれる」というレベルに達することができれば良いだけ**です。

思考のスコアが低い人の多くは、考えるという行為が苦手というよりも、体系的な考え方を知らないがゆえに苦手意識を持っていることが多いようです。ですから、**『考え方』**

を身につけてしまう」ということが大きなポイントになります。

逆に、自分自身の思考に自信を持っている人は、人の思考よりも自分の思考のほうが優れていると思いがちです。

経営者の場合、従業員から出てきた良案を見落としたり、却下してしまう可能性があるので注意が必要です。

●「思考」のスコアが低い人にお勧めのエクササイズ

（※すべてのノウハウを記述できないので、検索エンジンを使って調べてみてください）

・要約と批評の概念を身につけられるテキスト批評を学ぶ
・マインドマップで自分の頭の中を〝見える化〟する
・抽象と具象の間を行き来する方法を身につける
・川喜田二郎氏考案のＫＪ法を身につける
・一切思考しなくて済むところまでリスト化する

4 「計画」のスコアが意味するもの

Earth（土）に位置する「計画」は、段階分け、優先順位をつけるといったイメージを持ち、経営においては、逆算、ストーリー、リスト化、カレンダーへの落とし込みなどのキーワードを連想させます。

計画のスコアが低い人によく見られるのは、「失敗してはいけない」という恐怖心です。これは過去の失敗体験や、失敗することを許さない環境が、その意識を強くしている可能性があります。

楽しい旅行計画であれば、「あれもしたい。ここも行きたい」といった感じで、綿密かつ充実したプランを立てられますよね。けれども、ネガティブな感情で臨むと、計画はうまく立てられません。ですから、**「楽しく失敗する体験」をしてみる**ことがポイントです。

また、具体的な計画の際は、あらかじめ失敗を織り込む、つまり**「失敗して当たり前」という感覚で臨む**ことも重要です。

発明王のトーマス・エジソンが「私は失敗したことがない。ただ、1万通りの、うまくいかない方法を見つけただけだ」という名言を残したのは有名ですが、そうすれば「これをやったらどうなるんだろう？」というワクワク感を失わず、実験感覚で行動へと移っていけるのです。

と同時に、ゴールの光景と、そのゴールに至るまでのストーリーを描くことも、非常に重要です。それが、実験を続けるモチベーションになるからです。

逆に、計画のスコアが高い人の中には、ともすれば「失敗」を許容しない完璧なプランニングを求めてしまい、計画通りにいかないことでストレスを溜めてしまう人もいるので注意が必要です。

●「計画」のスコアが低い人にお勧めのエクササイズ

(※すべてのノウハウを記述できないので、検索エンジンを使って調べてみてください)

・自分に小さな約束を課し、その約束を守る
・Aプラン、Bプランといった複数のプランを立てる
・ゴールイメージを描いてから実際の行動に移る
・1日の終わりに片づけを行う

「計画→思考→感情→アイデア」の逆回転で行動の振り返りを行う

自分の脳のクセに気づけると、そのクセを意識しながら日々の行動を取れるようになります。さらに、日々の行動を振り返ることで、そのクセはさらに取れていきます。

行動の振り返りを行う際、ぜひ知っておいてほしいことが1つあります。

それは、**行動の振り返りは創造プロセスと逆、つまり『計画→思考→感情→アイデア』の順番で必ず行う**ということです。

行動が良くない結果だった場合、その要因は、その1つ前の「計画」の段階にあるのだろうか？　そこに問題があったか、なかったかをまず検証します。

「計画」には特に問題がなかったとします。では、その1つ前の「思考」の段階にあるのだろうか？

「思考」にも、特に問題がなかったとします。では、その1つ前の「感情」の段階にあるのだろうか？

「感情」にも、特に問題がなかったとします。では、その1つ前の「アイデア」の段階にあるのだろうか？

このように、逆回転で自分自身の創造プロセスを1つ1つ丁寧に遡っていくからこそ、うまくいかない要因が正確に特定できるのです。

「段取り八分」という言葉がある通り、結果の良し悪しの原因の8割は「計画」にあります。ですから、行動前の「準備・計画」を丁寧に見直せば結果は大きく変わります。振り返り（137ページに後述する「RCF行動分析」という方法を使います）の際に、「アイデア」「感情」は無意識であることがほとんどなので、じっくり吟味しないと見えてきません。「思考」「計画」は振り返れば気づける類のことがほとんどです。

そもそも大半の人は、うまくいかない要因が自分の内側にあるとすら思っていません。

また、自分の内側にあると思っている人であっても、自分の苦手なところの振り返り（「R

CF行動分析」）を避けようとしたり、あるいは逆に苦手なところを執拗に振り返ったり……、かと思えば、自分の得意なところに原因があるはずなどないと思い込んでスルーしてしまったり……と、思い込みが邪魔をしてしまい、正確な原因の追求ができなくなってしまうのです。

前に「自分の望むおいしい料理（＝自分の望む幸せな人生）をつくるには、どの材料から鍋に入れるかがとても重要」と書きましたが、ここでも順番を守ることがとても重要なのです。ぜひ「計画→思考→感情→アイデア」の順番でご自身の行動を振り返る習慣を身につけ、自分自身をさらに知ってください。

「アイデア」と「計画」が強い私が取り組んだこと

私はよく、

「『RCFメソッド®脳診断』のスコアバランスは、自分が成熟すれば良くなっていくのですか？」

『RCFメソッド®脳診断』のスコアは、いつ診断するかで変わってくるのですか？」
という質問を受けます。

前者についてですが、「RCFメソッド®脳診断」のスコアのバランスは、自分自身がどんなに成熟しても良くなることはありません。診断で4つの言葉の必ず1つを選ぶので、傾向性がはっきり出るようになっているからです。

次に後者についてですが、どこに偏りが出るかは変化することがあります。自分が課題として取り組んでいる部分への課題意識が強い箇所に偏りが出ることがあります。ただ、全体的には、「バランス良く脳機能を使おう」という意識ができるようになるため、バランスは整っていきますし、望んだ結果も出やすくなっていきます。

ちなみに、私が以前「RCFメソッド®脳診断」を行った際には、「アイデア」と「計画」のスコアが非常に高く、「感情」と「思考」のスコアがとても低いという結果が出ました。私のそれまでの生き方を振り返ってみて、「ああ、まさに」と非常に納得しました。

私の場合、「感情」のスコアが低いといっても、ワクワクした感情が湧き上がってこないというわけではありません。むしろ逆で、何か良いアイデアを思いついたとすると、すぐにワクワクしてしまいます。

本来であれば、そのアイデアをじっくりと感情的に味わうべきなのに、ものすごいスピードで感情のプロセスを終わらせてしまうのです。

思考も、まったく同じです。短期的プランだけではなく、中長期プランをつくったり、複数のプランをつくったり……といった冷静なアプローチをすべきなのに、「このアイデアをすぐにでも実行に移したい」という思いが強すぎて、アイデアからすぐに計画へと移ってしまうというパターンだったのです。

私のパターンの場合、「スピーディーに物事を実現する」という点では非常に良い面があるのかもしれません。実際、アイデアを立ち上げた当初は、新奇性などもあって非常にうまくいくのです。ところが、思考が練られてないので成功が長続きしないのです。つまり計画に厚みがないというか、通り一辺倒で多様性に欠ける感じになります。

なぜ成功が長続きしないのか……RCFメソッド®によって根本原因がはっきりしたので、それ以降、私は敢えて「感情」や「思考」の段階ではスピードを緩め、意図してゆっくりとその段階を進むようにしました。その結果、私はそれまでの失敗パターンから抜け出すことができ、「永続的に成功し続ける」ということが可能になったのです。

RCF完成のきっかけとなったロサンゼルスマラソン38㎞地点

そんなRCFメソッド®ですが、セミナーの受講者などから〝誕生のきっかけ〟について質問を受けることがよくあります。

そういうとき、私は「ロサンゼルスマラソンを走っている途中で誕生したメソッドです」と答えています。

「ロサンゼルスマラソン38㎞地点」――これは、私の人生において絶対に忘れられない瞬間です。

このCHAPTERの締めくくりとして、37歳でRCFメソッド®を誕生させるまでの経緯について少し話をさせてください。

34歳からITの法人営業の仕事に就き、新規営業だけでなく仕事全体を仕切るという業務をし、リーマン・ショックの真っ只中で全米トップの成績を上げることができました。

ところが、インドから帰国した妻が腸チフスにかかり、長期入院。フィギュアスケートでオリンピックを目指したいという娘の夢も叶えてやりたくて、「インターネットで起業しよう」と決心したのです。

とはいえ、起業は3度目。それまでの2度は失敗していただけに、今度はIT企業に勤めながら、就業時間以外を使って仕事をすることにしたのです。ダイエット商材を売っていたのですが、月に3000ドル程度は稼げるようになっていました。

ところが、1人のクレーマーの出現により、インターネットビジネスに対する意欲が急速に失せてしまいました。そして、そんな自分を情けないと思い……起業はしたものの、精神的にはどん底状態でした。

さすがに、今回は「自分1人では無理だ」と思いました。自分には師が必要だと思っていたところ、わずか2週間後に素晴らしい師との出会いがありました。当時、私は37歳でした。

彼から教わったのは、次の3つでした。

1つめは、「結果には出し方（準備）がある」ということ。
2つめは、「肚をくくる」ということ。
そして3つめは、「誠実で正直な在り方」が大事だということ。

大学院時代につくっていただいた基礎の部分に柱を立てていただいたような感覚でした。

ただ、そのような「経営者としてのマインド」を身につけ、実際に起業をしていた自分は、だんだんと勤め先のIT企業の社長との関係が悪化してしまったのです。ことあるごとに意見が合わず、給料を半減されました。自分の望む方向に物事が進んでいかないことに大きなフラストレーションを抱えていました。

このとき、私は「何か自分に大きな原因があるのではないか？」と思うようになりました。そして、「これまでの自分を壊してやれ」という衝動にも駆られるようになりました。

そして、「38日後にロサンゼルスマラソンが開催される」という情報を目にして、突然エントリーしたのです。

練習初日、私はわずか2㎞14分でギブアップ。このペース、つまり1㎞7分のペースで走り続けると、42・195㎞を5時間で完走することになります。私は「5時間で完走」を目標に設定しました。

練習を重ね、迎えた当日。私は38㎞近くまで1㎞7分のペースで何とか走り続けることができました。ところが「5時間以内に完走」の目安となるペースランナーが私のすぐ後ろまで迫ってきました。そこで私は「たとえ抜かれてもいい。とにかく歩かずに完走しよう」と目標を切り替えました。

そう思った瞬間、60歳前後の女性が、私のことをゆっくりと追い抜いていったのです。「ウソだろ」と思い、私はすぐに彼女を抜き返そうとしました。ところがまったく追いつけないのです。

「なんでこんなオバチャンに抜かれなきゃいけないんだ」

自分の声が頭の中でこだました瞬間に湧き起こったもの……それはものすごく馴染み深い、そして不快な感情でした。

ものすごく馴染み深い、そして不快な感情の正体――それは「過去の自滅パターン」と「今回は過去とは違う」という思いが反発し合って、自分の中で強烈な違和感を生じさせていたのです。

これまでの「自滅する自分」なら、女性に抜かれた瞬間に心が折れ、そのまま失速していたはずです。

ところが、このときは違いました。1つの鮮明な光景とともに、ある思いが自分の身体の中を駆け巡ったのです。

鮮明に浮かんだ光景——それは38日前の自分です。

38日前、私はたった2kmしか走ることができませんでした。

ところが、今の自分はこの38km地点まで、走るペースを崩さずに何とか到達できたじゃないか。

もしも、大会が1週間後に開催されていたとしたらどうだろうか？ 今までの成長度合で推測すると、オバチャンには負けていないだろうし、5時間も余裕で切れているのではないか——。

その瞬間、**「自分はこれまでさまざまなことに挫折してきたけれど、それは自滅だったんじゃないか？ うまくいかなかったのではなくて、うまくいく前に自分でやめてしまっただけなのではないか？」**と気づいたのです。

これは、才能の問題ではない。ましてや私の努力が足りなかったわけでもない。努力の仕方、つまり「努力の質」の問題だったのだ。

これは、私の心だけに留めておくべき小さな気づきではない。すべての人の可能性や才能を開花させられる大きな気づきなのだ――。

その気づきを体系化したものが、「ＲＣＦメソッド®」なのです。

CHAPTER

6

第2ステージ
関係性を知る

人は自分自身のことだけでなく対人関係も「誤認」している

従業員、取引先、お客様、株主……など、企業が活動を行うことで影響を受ける利害関係者のことを英語では「ステークホルダー」と表現しますが、あなたも会社経営を通してさまざまな人たちとつながっていることと思います。多くの場合、過ごす時間の長さ、連絡を取り合う頻度などを考えると、人間関係の濃さという意味では「従業員がいちばん」と答える人が多いように思います。

また、経営という視点を離れ、人生というより広い視野で見ると、非常に濃い人間関係がもう1つありますよね。そう、「家族」です。

親、兄弟姉妹、結婚されている方であればパートナーや子ども……など、あなたはさまざまな人と家族という関係でつながっています。

ところが、会社経営がうまくいっていない人を見ていると、従業員との人間関係、あるいは家に帰っても家族との人間関係に悩みを抱えている人が多いのです。

これは当然です。「法人」という言葉で言い換えられる通り、会社は〝人格〟を持った存在。その〝人格〟は、1人1人の人格を結集し、構成されています。

従業員が怯えていたり、従業員の人格が否定されているような組織が良い〝人格〟を保つのは無理でしょう。「売上！　利益！」と声高に叫んだところで、思うような結果が出ないのは必然です。

うまくいっていない会社の経営者の多くは、「この関係は良くない」と気づいているようです。ところが、「どうやって改善すればいいかわからない」と感じ、人間関係を変えられないまま、むしろ人間関係を悪化させながら今日に至っている人がほとんどです。

「従業員との関係をどうやって改善すればいいかわからない」と感じている経営者は、それを悩み、人間関係の構築に自信が持てないのですから、残念ながら家族との人間関係もうまくいっていません。

親に対して優しくなれなかったり、パートナーの良さを認められなかったり、子どもに対して極端な態度（過度な期待をするか無関心となるか）を取ったり……といったことが起こってしまいます。

では、なぜそのようなことが起こってしまうのでしょうか？

何に気づき、何を知り、何を変えれば、あなたと、あなたの周りにいる大切な人との人間関係は改善していくのでしょうか？

これから順を追ってお話ししていきますが、**自分自身のことだけでなく、あなたは人間関係も「誤認」している**ということを知っておいてください。

CHAPTER5まで読み進めてくださったあなたは、「自分自身についての誤認」に気づき、自覚し、継続的に意識することで、解放されていきます。このCHAPTER6で「人間関係についての誤認」を知ることで、「あなたの在り方」はさらに変わります。その結果として、あなたと周囲の人との人間関係が劇的に変わり、あなたの会社は素晴らしい組織となっていくのです（次ページ図）。

「誤認」を解くことで得られる結果

「自分自身についての誤認」を解く

↓

「あなたの在り方」が変わる

↓

「あなたの会社」が変わる

↓

「人間関係についての誤認」を解く

↓

「あなたの在り方」がさらに変わる

↓

「あなたの会社」がさらに変わる

水泳、ボクシング……対人関係を「誤認」してきた私

人間関係もまた「誤認」している——そのことをご理解いただくために、まずは私自身の失敗経験をお話させてください。

小学1年のときに水泳を始めた私は、小学3年生の11月に選手コースに選ばれました。そして小学4年の8月、1984年のロサンゼルス・オリンピックをテレビで見て「すごい！」と感動した私は、ますます水泳にのめり込みました。

ジュニア・オリンピックにも出場できるレベルまでめきめきと上達し、高校も水泳のスポーツ推薦で入学。大きな期待を背に、自分自身も将来のオリンピック出場を疑っていませんでした。

ところが、高校時代は一気に暗黒時代となります。自分の記録がなぜか伸びなくなってしまったのです。それまで同じレースに出ても必ず勝っていたライバルたちが急成長し、

私は彼らに勝てなくなってしまいました。中学時代の記録を上回ることができない……という苦悩の日々が続きました。

朝の6時から自転車通学をし、車と衝突して自転車が大破するほどの事故を起こした日でも練習を休みませんでした。

自分自身はものすごい努力をしているのに、最大の目標であった高校3年のインターハイでも結果を残せぬまま、私の心は燃え尽きてしまいました。

「このまま水泳を続けても結果は出ない」……何とか別の道を模索していた私は、子どもの頃から好きだった映画『ロッキー』（1976年）を思い出し、ボクシングに活路を見出そうとしました。個人競技である点は水泳と共通していて、努力次第でいけるんじゃないかと思いました。そして、大学への入学を機に、ボクシングジムに入会したのです。

デビュー戦は華々しい勝利で、「お前は天才だ！　1年でチャンピオンになれるぞ」という賞賛をもらい、自分でもすぐにチャンピオンになれるのではないかと思いました。

ところが、水泳のときと同じことが起こります。上のレベルの大会へ進むと勝てないことが続いたのです。

「良いものを持っているはずなのに、なぜ勝てないんだ……」

悶々とする毎日でした。

ところが、ここで転機がありました。順天堂大学の故・北森義明先生から、世界王者13回連続防衛の記録を持つボクシング界のレジェンド・具志堅用高さんのチーフトレーナーを務めた、渡辺剛さんという方を紹介していただきました。そして、卒業論文の研究テーマとして、渡辺さんを調査させていただく機会を得たのです。

その卒論の中で、私は次の3つの結論を導き出すことになりました。

結論1　一流と呼ばれる選手は技術や体力で勝っているわけではない
結論2　支えてくれている人に感謝することがチームをつくる
結論3　スタッフを含めた信頼がチームのテーマである

この結論に、誰よりも私自身が驚いていました。

なぜならそれらは、それまで私の考え方、そして取ってきた行動を真っ向から否定するものだったからです。

ライバル、仲間、指導者……すべての人間を敵視していた

それまでの私は、周りの人間をすべて敵視していました。水泳の大会で競うライバルも、ボクシングで拳を交わす相手も、すべて敵。それはもちろんのことですが、同じ部活に所属する同級生や先輩・後輩ですら、1人残らず敵だと思っていました。

これは指導者に対してもまったく同じです。私には、誰よりも水泳やボクシングに真摯に向き合っている自負がありました。また、そのときは気づきませんでしたが、小学校の頃の学校教育にトラウマのような感覚も持っていました。

ですから、「先生の言うことを聞いてうまくなれるわけなんてない」と、距離を取っていましたし、信じてもいませんでした。

誰よりもストイックに打ち込んでいるにもかかわらず、自分の思うような結果が出ません。すると、周りの仲間、そして指導者に対する敵視は、ますます激しいものになっていきました。

「お前らとオレとは目指しているものが違うんだ」。楽しそうに競技と向き合う仲間との距離はどんどん離れ、口を聞くこともなくなり、孤立を深めていきました。

「あんたの教え方が下手だからオレの結果が出ないんだ」。指導者の能力にはますます疑問を抱き、不信感が募り、アドバイスをもらってもまったく受け入れられなくなりました。

スポーツをしている自分は、ライバル、仲間、指導者だけでなく、スポーツとは直接関係のない存在すら敵視していました。

それは、家族です。

私は、心の中で、父や母のことを「敵」だと思っていました。

両親は、若い頃にアスリートとして素晴らしい結果を出してきていました。私は、いわゆるスポーツエリートの家に生まれたのです。

ただ、エリートであるだけに、思うような結果が出ずに1人で苦しんでいる私の気持ちをわかってくれていないと思い込み、両親が「いいものを持っているのに」という言葉を「もったいない、もっとできるよ」という意味で言ってくれていたのに、「できるのにやらない子」（ナマケモノ）と言われていると捉えてしまっていたのです。

家族に心を開くなどとんでもないこと。家に帰っても心を閉ざし、それでありながら「なぜ、こんなにも苦しんでいる自分の気持ちをわかってくれないんだ！」と親を恨んでいたのです。

そうです。自分の結果が出ない苛立ちを人にぶつけ、自分の結果が出ない責任を人に押しつけていたのです。「頼れるものは、自分の体力や技術」――そう頑なに信じて、ひとりよがりの練習を続けてきたのです。

勝てなかったのは、自分の力が足りなかったからではありませんでした。

それは、周囲の人たちと良い人間関係を構築できない「私の在り方」がもたらした、必然の結果だったのです。

その気づきを与えてくださった北森教授は、チームビルディングにおける日本の第一人者と呼ばれている方でした。私の長年の悩みを解決してくれるヒントを与えてくださる素晴らしい存在がすぐ近くにいることに、ストイックにボクシングに打ち込む私は気づけませんでした。

本当に狭い景色の中で、これまでとまったく同じパターンで行動し、失敗を繰り返していたのです。

「このままではいけない。よし、北森先生のもとで人間関係を学ぼう」と決意しました。大学院に進んで先生の研究室に入り（二浪して3度目の正直で何とか合格したのですが）、人間関係について科学的に学ぶようになりました。

大学院では、実践的な研究を行いました。その一環として、順天堂大学のライフセービングクラブの監督に就任。他大学の体育部がエントリーする全国大会で、同好会のまま、わずか創立5年目で日本一に導くことができました。

「ＲＣＦメソッド®」と大学院時代に私が構築した「信頼育成理論」は、裾野の部分でしっかりとつながっています。

人間関係の根底には「家族の力学®」が存在している

では、あなたの人間関係における「誤認」を解くカギを握っているものは、いったい何でしょうか？

それは「家族」です。

家族関係が原型となり、その原型を、それ以外の人間関係に投影する――というメカニズムがあるからです。

つまり、人間不信の根っこに「家族」があるのです。

ですから、

- あなたが子どもの頃、家族の中でどういう役割を果たしてきたか？
- あなたは今、家族の中でどういう役割を果たしているか？

といったことをしっかり見つめ直すことによって、人間関係における「誤認」は解けていきます。

なぜなら、あなたはあなたの家族だけを見て「家族関係とはそういうものだ」と思い込んでいるからです。

そして、その「家族関係とはそういうものだ」という思い込みを、あなたの人間関係に適用しているからです。

あなたと家族の関係だけではなく、経営者であるあなたと従業員との関係に対しても、同じように適用しています。ただ、無意識にそれを行っているので、あなた自身は気づけないのです。

あなたの体験した家族関係を唯一のものとして、すべての人間関係に適用する――これが、あなたの人間関係における「誤認」を生み出し、その結果として従業員との関係を悪化させ、会社の経営がうまくいかないのです。

私は、家族関係を過去からしっかり見つめ直す手法を開発し、**「家族の力学®」**と名づけました。

「家族の力学®」を学ぶことで、「あなたの在り方」に大きな変化が現れるでしょう。

あなたは子どもの頃、家族の中でどういう役割を果たしてきたか？

赤ちゃんの透き通った状態から、やがてあなたの心には自我が芽生えます。その自我の材料となるのが、自分を育ててくれた両親のモノの見方・考え方です。

エリック・バーンという有名な心理学者が「あなたのモノの見方・考え方は、あなたの両親のモノの見方や考え方をミックスし、正確に引き継がれている」という主旨の発言をしていますが、まさにその通りなのです。

両親のモノの見方・考え方を、色メガネに喩えるとわかりやすいかもしれません。赤のメガネをかけた父親と青のメガネをかけた母に育てられれば、紫の色メガネをかけたあなたが育つ。黄色のメガネをかけた父親と緑のメガネをかけた母に育てられれば、黄緑の色メガネをかけたあなたが育つ――といった具合です。

ここで強調しておきたいのは、「誰もが自我を持っている＝親から影響を受けた色メガネをかけている」ということです。物心ついた時点で、「自我のない人＝無色透明のメガネをかけている人」は誰1人いません。ですから、色メガネをかけていること自体は良いのです。

問題は、**「自分が色メガネをかけている」と認識できていないこと**です。色メガネをかけていると気づけないと、人間関係において「あなたの目に見えていること」と「実際に起こっていること」のギャップに気づけない――つまり「誤認」してしまうのです。

また、たとえ「自分は色メガネをかけている」と認識できていたとしても、**「何色のメガネをかけているか」を知らなければ、それもまた問題です。**メガネが何色なのかがわからないと、人間関係において同じ失敗をしてしまう――つまり「誤認」の悪循環から抜け出すことができなくなります。

「あなたのモノの見方や考え方＝自我」は、あなた自身が何の制約も受けずに決め、構築してきたものだと思っているかもしれませんね。

残念ながら違います。

あなたはまだ幼い頃から、知らぬ間に「両親からもらった色メガネ」をかけていたのです。そして、その色を通して、世界を見てきたのです。

色メガネは、あなたの人生に強力な影響を与えてきました。これまでの人生であなたに訪れたさまざまな課題は、良い出来事も悪い出来事も含めて、すべて「その色メガネをかけていたからこそ起こったのだ」と言っても過言ではありません。

では、両親のモノの見方や考え方は、なぜあなたに〝正確に〟引き継がれていくのでしょうか？

両親から愛情を注いでもらわなければ、子どものあなたは生きていけないからです。いわば、種としての生存本能のレベルで、文字通り必死になって、子どものあなたは両親からの承認や賞賛をもらおうとします。

まだ小さなあなたが、何か行動をしたとしましょう。「そんなことができるなんてすごいね、偉いね！」と褒めてくれるのも親。逆に「そんなことをしては絶対にダメ！」と言うのも親。無色透明の存在のあなたに「こういうことをすると褒められる」「こういうことをすると怒られる」といった情報がインプットされていきます。何度かそれが積み重なることで、あなたは学習し、モノの見方や考え方が形成されていきます。


なお、説明をわかりやすくするためにここまでは「両親」と表現してきましたが、要は「あなたが自我を形成する時期に、あなたの〝生殺与奪〟の権利を握っていた人」、または「あなたが自我を形成する時期に、あなたに非常に大きな影響を与えた人」と解釈してください。

必ずしも両親とは限りません。「両親は共働きで祖父母に育てられた」という人は祖父母からも、「両親よりも習い事の先生からいろいろ厳しく教わった」という人は先生からも、「親よりも兄・姉が面倒を見てくれた」という人は兄・姉からも色メガネを引き継いでいる可能性があります。

両親から引き継いだ色メガネをどうすればよいのか？

さて、あなたの人生に甚大な影響を与えてきた両親からの色メガネですが、いったいどう扱っていけばよいのでしょうか？　**実は「自分はそういう色メガネをかけているんだ」と気づくことさえできれば、それだけでいいのです。**

では、どのようにすれば、あなたがどんな色メガネをかけているかわかるのでしょうか？　それは、

①子どもの頃、あなたが家庭でどんな役割を演じていたか？
②父や母（またはあなたの自我形成時に大きな影響を与えた人）はあなたにとってどんな存在だったか？

を突き止めていくこと。この2つです。

なぜなら今のあなたは「子どもの頃のあなた」か「子どもの頃の父」か「子どもの頃の母」の生き方のパターンしか持っておらず、そのいずれかを固定的に演じているからです。

そして、そのいずれかのパターンに無意識に執着しているがゆえに、現在の人間関係がうまくいっていないのです。

具体的にイメージしていただくために、2つの事例を挙げて解説していきます。

事例1 男性上司との関係に悩んでいた女性

私のセミナーに参加した女性から「男性上司との人間関係に悩んでいる」という相談を受けました。仮にAさんとします。Aさんは「自分は、その上司のことが人間的に好きで、苦手意識とかはまったくないんです。でも、その上司は私のことが嫌いなのか、コミュニケーションがうまく取れないんです。でも、嫌われるきっかけが何だったのかまったく心当たりがなくて……」と言うのです。

そこで私は「家族の力学®」をベースに、「Aさんと上司」の関係ではなく、「Aさんと

Aさんの父親」の関係について尋ねていきました。

初めのうちはAさんも「なぜ上司ではなく父親？」といった顔をしていましたが、私が「お父さんとあなたはどんな関係だったの？」という質問に答えてくれました。

Aさんの父親はAさんにとても甘く、Aさんの言うことなら何でも聞いてくれたそうです。Aさんがおねだりをするととても嬉しそうにしてくれる――「だからちょっとワガママに振る舞ったりしていましたね」とのことでした。

そこまで答えて、Aさんはどうやら気づいたようでした。ハッとした表情で「私、上司に父と同じ態度を取っているかもしれません……」と言ったのです。

その通りでした。Aさんは、上司に父親の姿を無意識に投影していました。そして、「甘えた態度を取れば上司は喜んでくれる」と思い込み、他の人よりも少し横柄な態度を取ってしまっていたのです。もちろんそれは、Aさんにとっては好意に基づいた行動でした。けれども、上司にとってその態度は「生意気だ」と映っていたのです。

自分自身が家庭で演じていた「役割」に気づき、その影響力の大きさを知ったAさん。

その後、ついつい無意識に出てしまう、思わず甘えてしまう態度に気をつけて上司とコミュニケーションを取りはじめた結果、人間関係は一気に改善したのです。

事例2 従業員との関係がうまく築けなかった男性経営者

私のセミナーに参加した男性経営者から「従業員が全員〝指示待ち族〟なので、ついイライラしています」という相談を受けました。

この相談者を仮にBさんとします。Bさんに話を聞いていきました。

先ほどのAさんのケースと同じように、「従業員とBさん」の関係ではなく、「Bさんと Bさんの家族」との関係について聞いていったのです。「Bさんの母親は、Bさんにとってどんな存在でしたか?」「Bさんの兄弟姉妹は、Bさんにとってどんな存在でしたか?」

……といった具合です。

その中で出てきたのは、「とにかく父親がすごく怖かった」という記憶でした。「すごく怖かったし、人前で笑ったり愚痴ることもなかった。もちろん泣いている姿なんて一度も見たことがない」ということでした。

つまり、Bさんの父親は、人前で喜怒哀楽を見せることはなく、弱みを見せるなんてもってのほかというモノの見方・考え方を持っていたわけです。

Bさんは見事にその色メガネを継承していました。会社での様子を聞くと、日々の振る舞いは、Bさんが接してきた父親の姿そのものでした。

Bさんは無意識のうちに、

・社長は会社にとって「父親」のようなポジションであり、従業員はみんな「子ども」のポジションである
↓
・社長である自分は、「父親」としての立場を演じなければならない
↓
・社長である自分は、「父親」として、人前で喜怒哀楽を見せず、弱みを見せず、「子ども」である従業員に厳しく接しなければならない

という力学モデルを構築し、その役割を演じていたわけです。

もちろん、この関係性がうまくいっているのなら良いのです。けれども、Bさんの場合は、「どいつもこいつも考えないヤツばかりで……自分1人が苦労しています」などととんだ勘違いをしていたわけです。こんな状態で会社がうまくいくわけがありません。

ところが、私と話をする中で父親の影響の大きさに気づき、いつの間にか自分がその父親そのものを演じていると気づいたBさんは、押し黙ってしまいました。そして、Bさんは「私は今まで『社長とはこうあるべきだ』という固定観念に縛られて、その役を演じていたんですね……。そのことにまったく気づいていませんでした」と言ったのです。

この気づきを持てたことで、Bさんの色メガネはまったく違う色へと変化していきます。

Bさんはまず、「社長と従業員の関係」というざっくりとした関係性ではなく、まず一対一の関係性、つまり「Bさんと従業員Cさんの関係」がどうありたいのか、「Bさんと従業員Dさんの関係」がどうありたいのか……で考え直すことにしました。すると、「C

さんとは父子のような関係が良いかもしれないけれども、Dさんとは兄弟のような関係で接したほうがうまくいくかもしれない」という気づきを得たのです。そんなふうにして、1人1人との関係を考え直し、変化させることで、会社の雰囲気が変わってきました。

さらにBさんは「時と場合によって、ふさわしい関係性は変わる」ということにも気づきました。同一人物である従業員Cさんとの関係であっても、「Cさんが落ち込んでいるときは、自分が父親的な立場で接したほうがCさんを勇気づけることができるな」「Cさんが乗っているときは、自分が兄のような立場で声がけしたほうが喜んでくれるな」ということがわかってきたのです。

Bさんは、「今までどれほど無意識に『自分の見てきた家族の姿』を従業員との人間関係に投影してきたのか……?」と気づきました。そして、「『自分の見てきた家族の姿』に縛られる必要などないんだ」と理解し、「どうすれば相手に喜びや勇気を与えられるか?」という視点で、その場の状況に応じて「自分のふさわしい役割」を演じるようになったのです。

初めは少しぎこちない面があったものの、いつしか〝演じる〟という思いすら消えていき、Bさんも従業員たちも自然なコミュニケーションが取れるようになっていきました。
その結果、会社は劇的に変化していったのです。

「反発する」という生き方も家族から大きな影響を受けている証し

2つの事例を読みながら、「自分も他人と接する際に親からの影響を受けているな」と感じませんでしたか？

経営者のあなたの場合、他の立場の人たちよりもそう感じるのではないでしょうか？なぜなら、社内外のルールや規定、会社の方向性など、さまざまなことをあなたが決定しなければならないからです。

従業員との関係も同じです。誰かがその都度「あの人とはこうすると良いですよ」とアドバイスをくれるなら別ですが、トップの立場ではそうもいきません。必然的に自分で判断することになります。

その際、拠り所にしてしまうのが、つい「自分の見てきた原風景＝自分の家族の姿」なのです。

ただし、影響の受け方は「無意識に真似してしまう」というだけではありません。例えば、「子どもの頃から父親の強権的なやり方が大嫌いだった」という人は、父親のやり方と正反対のやり方でことごとく物事を進めようとしますよね。「無意識に反発してしまう」という、いわば反面教師のケースも、父親の影響を受けているという点では変わりありません。

また、なかなか自分では気づきにくい場合もあります。「厳しい父親と優しい母親だったので、父親の影響のほうが大きいと思っていたけれど、何かやろうとするときにいつも優しい声で『ダメよ』と言っていたのが母で、それが今の自分の生き方に大きな影響を与えていた」ということもあります。

いずれにしても、大切な人との人間関係、大きな決断を下す際の判断基準、お金との向き合い方、仕事の選び方・やり方……など、あなたの人生にとって非常に大きな物事のモノの見方や考え方に、家族の影響があるのは間違いないことなのです。

今こそあなたと家族の関係を見つめ直してみる

私の「家族の力学®」のセミナーでは、じっくりと時間をかけて自らの家族関係を見つめ直していきます。

そして、家族をはじめとした、あなたの色メガネに大きな影響を与えた人や出来事を紐解いていきます。

ただし本書では、紙幅の都合もあり、そのプロセスを非常に単純化して、「あなたと家族との関係を見つめ直す方法」について解説していきます。紙を1枚、ペンを1本用意してください。

●あなたと家族との関係を見つめ直す方法

（次ページに専用のシートも載せたので、活用してください）

①紙の真ん中にあなたを示す枠を1つ書いて、その中にあなたの名前を書きます。
②あなたの枠の周りに家族1人1人（父、母、兄弟姉妹、祖父母など……）の枠を書き、その中にそれぞれの名前を書きます。そして、あなたと線で結びます。
③家族1人1人が、あなたに言ったことや教えたこと、あなたに行ったことで、特に印象に残っていることはありますか？　線の脇に書き出してみます。
④あなたにとって、それぞれの家族はどんな存在でしたか？　その印象をそれぞれの名前の脇に書き出してみます。
⑤あなたは、家族の中でどんなことをすると褒められたでしょうか？　逆にどんなことをしたら怒られたでしょうか？
⑥あなたは家族の中でどんな「役割」を演じていたと思いますか？
⑦それぞれの家族は家族の中でどんな「役割」を演じていたと思いますか？
⑧①～⑦を通じて見えてきた、あなたの「色メガネ」はどんなものでしょうか？

家族との関係を見つめ直すシート

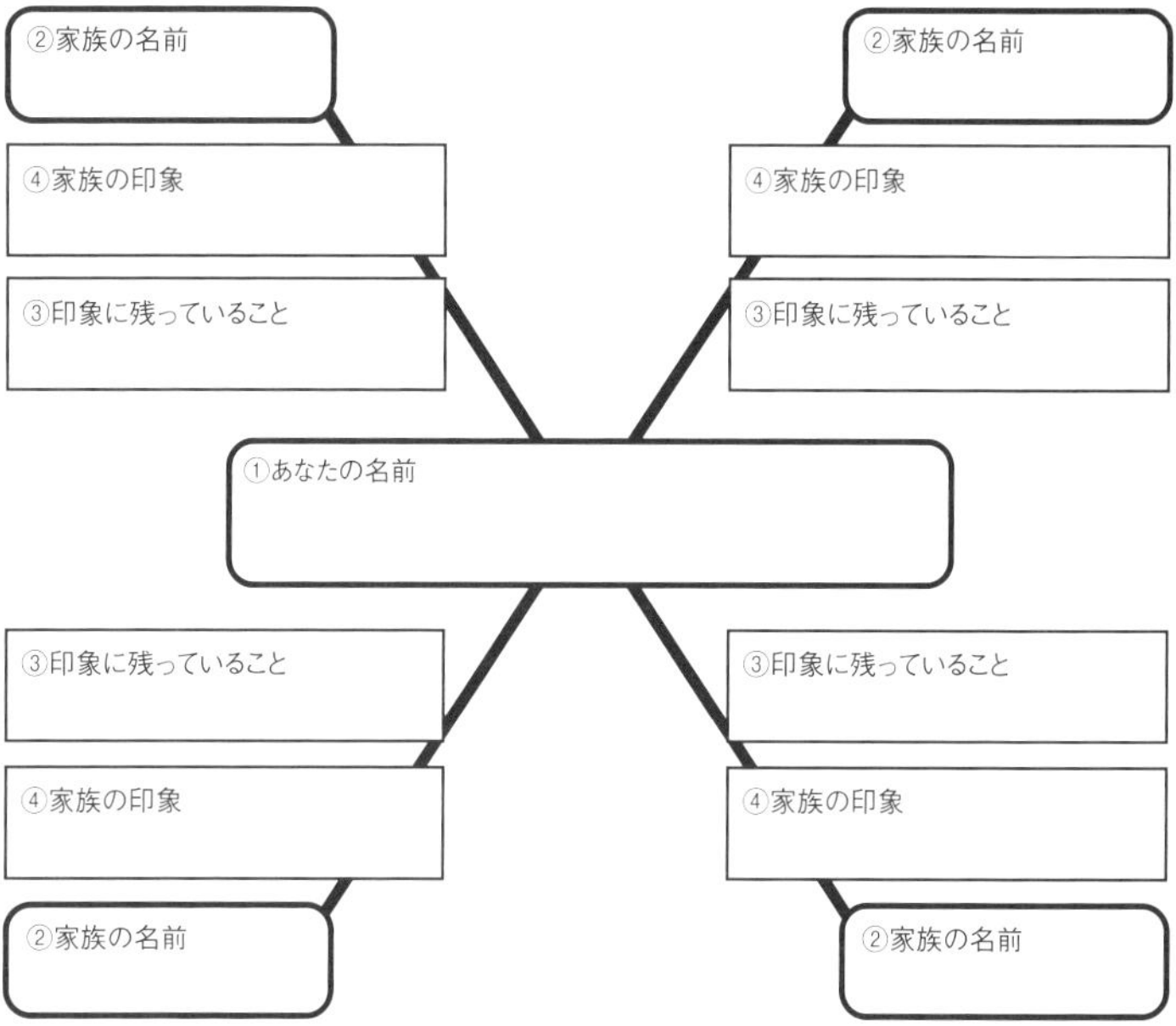

⑤褒められたこと・怒られたこと

⑥あなたの役割

⑦それぞれの家族の役割

⑧色メガネ

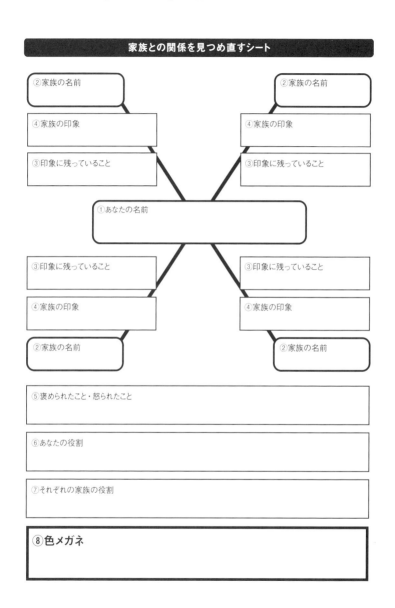

時と場合に応じて相手を喜ばせるメガネにかけ替える

さて、家族の影響を受けたあなたの色メガネは、いったいどんなものだったでしょうか？　見えてきたものはあるでしょうか？

あらためて強調しておきますが、大事なことは「その色メガネを無色透明に変えること」などではありません。そんなことは絶対にできないからです。人は誰でも、必ず誰かの影響を受けているし、これからも受けていくからです。

ですからまずは、**「自分はそういう色メガネをかけがちだよな」という傾向を知っておくだけで良い**のです。

その上で、**「メガネは1つじゃなくていい」**と思うことです。

あなたが今までかけてきた色メガネは1つでしたが、「時と場合に応じて、たくさんのコレクションの中からメガネをかけ替える」というノリで良いわけです。

例えば、あなたがこれまで「社長＝父親」という意識でいたとするならば、そこに「社長＝母親」「社長＝兄や姉」「社長＝弟や妹」「社長＝祖父母」というメガネコレクションを加えてみてください。

「社長＝弟や妹？　それって従業員に頼るってことですか？」と思う人もいるかもしれませんね。その通りです。「社長は従業員に頼られる存在」というメガネだけでなく、「社長は従業員を頼る存在」というコレクションがあっても良いのです。

何もあなたが見てきた家族の姿の中だけから選ぶ必要はありません。「友達」とか「飲み仲間」なども良いでしょう。

コレクションを増やす際に参考にするのは、別の経営者、社内のコミュニケーションが上手な従業員……誰であってもいいのです。**うまくいっている人のうまくいっているやり方をどんどん取り入れて、気楽にメガネのコレクションを増やせばいい**わけです。

そして、メガネを選んでいきます。

メガネを選ぶ際は、

「自分が憧れて尊敬する経営者なら、どんなメガネをかけていそうか?」
「どのメガネをかけたら、相手（従業員など）が気持ち良くやる気を持って仕事をしてくれそうか?」

ということを基準に考えるとよいでしょう。初めは少し難しく感じるかもしれませんが、そのうちに慣れてきます。

このステップを踏んでいけば、あなたも従業員も「人間関係はこうあるべき」という呪縛から解放されます。

そのことにより、あなたはむしろあなたらしく素のままでいられます。ときおり愚痴をこぼせる相手、涙を流す姿を見せても恥ずかしくない仲間などができていきます。その絆の強さが、会社を成長させる上での人間関係の土台になっていくのです。

大事なのは、あなたがまず「あなたの在り方」を変えるからこそ、従業員との関係性が変わり、会社が変わっていくということです。

「あなたの在り方」を変えるためには、あなたの色メガネがどんなものかを知る必要があります。

ただし、あなたの色メガネを別の色メガネに変える必要はありません。むしろ**「別のメガネを用意しておき、必要に応じてかけ替える」という感覚が大事**なのです。

人間関係がうまくいっているかを「RCFメソッド®」でチェックする

従業員との人間関係がうまくいっているかどうかの検証には「RCFメソッド®」を使います。これを**「RCF行動分析」**と呼んでいます。

「Fire→Water→Air→Earth」の4要素ですが、実際に会社の経営を見直したり進めたりする場合には、

1　Fire（火・太陽）＝アイデア
2　Water（水）＝感情
3　Air（氣・空気）＝思考
4　Earth（土・大地）＝計画

を踏まえての「行動」というプロセスを辿ります。ただし、「RCF行動分析」は、**経営の進行プロセスとは逆回転、つまり「計画→思考→感情→アイデア」の順**で行います。

・ある行動とその結果を分析するために、計画（準備と段取り）をチェックする
←
・その次にその計画を生み出した思考をチェックする
←
・そしてその思考を生み出した感情をチェックする
←
・最後に感情を生み出したアイデアをチェックする

という流れです。

従業員Eさんとうまくコミュニケーションが取れず（行動）、人間関係がうまくいっていない（結果）という状態を例に考えます。

その行動および結果のために、あなたがどんな計画（うまく話すための準備や段取り）をしたか考えてみてください。

もしも「計画は正しいはずなのに……」と思ったら、次は「思考」について考えてみます。「なぜそのような準備や段取りを立てたのか？」について考えてみるのです。

もしも「思考は正しいはずなのに……」と思えたら、次は「感情」について考えてみます。「そのように思ったのは、どんな感情があったからか？」について考えてみるのです。

もしも「感情も正しいはずなのに……」と思えたら、最後は「アイデア」について考えてみます。「そのような感情になったのは、どんなアイデアが生まれたからか？」について考えてみるのです。

こんなふうに逆回転で自分自身のプロセスを1つ1つ丁寧に遡っていけば、うまくいかない要因が正確に特定できるでしょう。

人間関係の「誤認」を解消したあなたは次のステージへと進める

いかがでしたか?

このCHAPTER6では、関係性について学んできました。

「他人を心から信じることはできない」と思っている人は、家族との関係を見つめ直す必要があります。なぜなら、家族関係が原型となり、さまざまな人間関係に投影してしまうからです。家族関係は、人の人生に強い影響力を持っています。

逆に、その影響力の大きさを自覚し、メガネをかけ替えるような感覚で人間関係の「誤認」を解消すれば、家族、従業員、取引先、顧客、友人、恩師……など、これまでのほつれは一気に解消し、さまざまな人間関係が素晴らしいものとなっていきます。

CHAPTER6まで読み進め、内容を理解したあなた。その視界は開け、視野は広がり、視座も上がってくることでしょう。今から楽しみでしかたありません。

では、今までとは違う感覚を確たる自分のものとするため、あなたと世界との関係性についてて見つめ直すCHAPTER7へと進んでください。

CHAPTER

7

第3ステージ

世界を知る

「世界」とは実際にあるものではなく、今のあなたに見えているもの

CHAPTER5で「自分」を知り、CHAPTER6で「関係性」を知ったあなた——それだけで「あなたの在り方」は変化し、会社にも劇的な変化が訪れるはずです。

このCHAPTER7からは「応用編」となります。お話することの規模は大きくなり、そして奥行きは深くなります。

それでもあなたには読み進めていただき、気づきを得て、実践していただきたい。なぜなら、あなたには日本を代表するリーダー、世界を牽引するリーダーになっていただきたいからです。

自分を知り、関係性を知って視座が上がってくると、見えてくる世界が変わってきます。例えば、「過去」という言葉。自分自身のことで悩んでいるときは「自分の過去」にしか

目が行きません。

けれども、視座が上がり、日本を代表する世界のリーダーとして活躍しようという想いを持ちはじめると、「日本の過去」に目が行くようになるのです。

今まで登ったことのない高い山を登れば、今まで見えなかった景色が見渡せるようになります。

「世界」とは、「そこに実際にあるもの」ではなく、「今のあなたに見えているもの＝世界観」なのです。

そんなあなたの世界観に、大きな影響を与えているものが2つあります。

それは**「家族のモノの見方・考え方」**と**「歴史教育」**です。この2つに対する「誤認」を解いていけば、あなたの視座はますます高まっていきます。

1つずつ見ていきましょう。

会社とお客様の関係においても「家族の力学®」が大きく影響している

あなたの会社と社外とのつながりで、まず思い浮かぶのは「お客様」でしょう。あなたの会社は、たくさんのお客様に支えられた社会の中で存在しています。

あなたが従業員1人1人と「彼らの人生にどのような成長機会を提供できるか?」という思いでつながっていったように、あなたが1人1人のお客様と「どうすれば皆さんが喜んでくれるか?」という思いを持ちながらつながっていけば、あなたの会社はますます発展するでしょう。

本当にシンプルで、何も難しいことはないのです。

ところが、あなたと従業員の関係において、あなたが経験してきた家族関係の力学を無意識に適用していたのと同じように、あなたの会社とお客様との関係、あなたの会社と社会の関係においても、あなたが経験してきた家族関係の力学を無意識に適用している危険性があります。

例えば、あなたが**「従業員を食わせていかなければならない」**というモノの見方・考え方を持っているとします。この表現には社長である「家長」としての意識が強く滲み出ていますよね。

その表現をさらに深掘りしていくと、あなたにとってのお客様は「大切な身内を食わすために、食べ物を奪ってくるべき相手」というイメージです。

あなたはもしかしたら、「そんなことは決してない！」と反論するかもしれません。けれども「従業員を食わせていかなければならない」というモノの見方・考え方を紐解くと、あなたの見てきた父親像をベースにして、「従業員＝身内／お客様＝敵」という色メガネであなたが社会を見ている可能性があるために、深掘りして注意深く見定める必要があるのです。

あるいは、あなたの会社と「世間」あるいは「同業他社」との関係についてはいかがでしょうか？

よく「世間を見返してやる」「ライバルを蹴落としてやる」といった反骨心をエネルギーとして成長しようとする経営者がいます。

その反骨心は短期的には爆発的なエネルギーを生み、サクセスストーリーの要素としても取り上げられがちです。事業の初動期には成功に必要な要素なのですが、残念ながらそのエネルギーの質のままではすぐに頭打ちとなります。

ここでも「世間」や「同業他社」を敵と見なしています。その根底には、他者への不信があるのです。

そんな経営者の方たちの反骨心はいったいどこから来るのか？　よくよく掘り下げてみると、「小さい頃から親に無能呼ばわりされた」など、親や周りの大人たちへの反発心から「見返してやる」という怒りのエネルギーが原動力になっていることが多いのです。

家族からの影響はとても大きく、親、兄弟姉妹などへの思いが色メガネとなり、あなたと世界との関係においても相似形となって現れるのです。

「自分はそんな色メガネをかけているのか」と自分が持つ「誤認」のパターンに気づけるかどうかが、より高い視座を持てるかどうかの大きな分かれ目となります。

あなたの世界観を「誤認」させてきた日本の「歴史教育」とは何か？

また、あなたの会社と社会との関係においては、家族と同じようにあなたの色メガネに甚大な影響を与えているものがあります。

それは**日本の「歴史教育」**です。

正確に言えば、**戦後の日本に学校教育という名目で導入された「欧米流の価値観」**です。

この影響力によって形成された色メガネがどんなものであるのか？　それを知っているか否かで、驚くほどの違いが生まれます。

私は、1984年に開催されたロサンゼルス・オリンピックを小学生時代に見て、「アメリカってカッコイイ！」「オリンピック選手って最高だ！」と思い、スポーツに打ち込んだ人間です。そして、大学院を修了してからは、憧れの地であるアメリカに渡り、ビジネスをしてきた人間です。

ですから、アメリカをはじめとする欧米のことは基本的に好きですし、彼らの価値観を否定するつもりは決してありません。

けれども、そんなふうに欧米の価値観に直に接し、また人間に与える影響力を科学的に学んできた自分だからこそ語れることもあります。

それは、

「戦後の日本で導入された教育観や教育システムは、**単にGHQが『統治しやすいから』という判断で導入された**に過ぎない。それまでの日本の歴史や文化を熟考・分析した上で『これは次代に引き継ぐべき良い価値観なので後世に伝えていこう』と決められたものではない」

ということです。

私たち戦後時代の人間は、2600年の歴史を持つ日本の素晴らしい伝統や文化を否定し、戦後に〝部外者〟から与えられた価値観やシステムを採用せざるを得なかった。その結果、長年かけて私たち日本人が培ってきた素晴らしいモノの見方・考え方を失ったまま、今日に至っています。

いわば、歴史を「誤認」している状態です。そのまま「誤認」を続ければ、あなたやあなたの会社の従業員が発揮できる本来の力を発揮できないままです。それどころか、あるべき姿、行くべき方向とどんどんズレていってしまいます。

そのもったいなさに一刻も早く気づいてほしいのです。

長い時間をかけて日本が培ってきた素晴らしいモノの見方・考え方――それは喩えるならば**「つながり、助け合い、共に繁栄する」**というものです。近江商人の「三方よし（売り手よし、買い手よし、社会よし）」といった言葉などは、日本人のモノの見方・考え方を端的に表しています。

それに対して、戦後に導入された欧米流のモノの見方・考え方――それは喩えるならば**「勝ち抜き、奪い取る」**というものです。

ビジネス用語の中にはさまざまな欧米の価値観を見て取ることができます。お客様を「ターゲット＝標的」と表現する感覚は、戦前の日本では受け入れがたいものだったのではないでしょうか。

このまま歴史を「誤認」した状態で良いのでしょうか？

私は、まったくそうは思いません。今すぐにでもその色メガネに気づくべきです。

そして、この経験を〝学び〟に変える必要があります。

では、どうしたら〝正しい学び〟となるでしょうか？

まず大前提となるのが、

- ・事実を正確に知っていること
- ・出来事の意味解釈が正しいこと

です。歴史誤認がある状態で成長はあり得ないし、正しい方向に向かっての舵取りは不可能なのです。

最近では、アメリカやヨーロッパからこれまで秘密にされていた機密文書がどんどん公開されています。それらの一次資料を元に研究が進められ、近現代史の真実がどんどん明るみに出ています。

そういった第一級の史料をまとめた書籍で勉強し直してみることを、私は読者の皆さんにお勧めします。この不透明な時代に、求められる経営者としては最低限必要なことだと思います。

家族や学校教育の影響によるあなたの色メガネをチェックする

では、あなたは「世界＝お客様や社会」をどんな色メガネで見ているのでしょうか？

私のセミナーでは、より詳細な手法であぶり出していきますが、本書ではセルフチェックが可能なコンパクトな方法を解説します。紙を1枚、ペンを1本用意してください。

●家族からの影響を再認識する方法

（次ページに専用のシートも載せたので、活用してください）

①紙の真ん中にあなたを示す枠を1つ書いて、その中にあなたの名前を書きます。

②あなたの枠の周りに父、母など「あなたの仕事やお金に対するモノの見方・考え方に影響力を持っていた人」の枠を書き、その中にそれぞれの名前を書きます。そして、あなたと線で結びます。

③あなたの父や母が、お金や仕事に対して言ったことや教えたことで、特に印象に残っていることはありますか？　線の脇に書き出してみます。

④あなたは、お金（お金の使い方や貯め方など）や仕事（アルバイトや就職など）のことでどんなことをしたら褒められたでしょうか？　逆にどんなことをしたら怒られたでしょうか？

⑤①～④を通じて見えてきた、あなたの「色メガネ」はどんなものでしょうか？

家族からの影響を再認識するシート

②影響を持った人の名前

②影響を持った人の名前

③印象に残っていること

③印象に残っていること

①あなたの名前

③印象に残っていること

③印象に残っていること

②影響を持った人の名前

②影響を持った人の名前

④褒められたこと・怒られたこと

⑤色メガネ

●学校教育の影響を再認識する方法

（次ページに専用のシートも載せたので、活用してください）

①紙の真ん中にあなたを示す枠を1つ書いて、その中にあなたの名前を書きます。

②あなたの枠の周りに小学校の先生など「あなたの評価に対するモノの見方・考え方に影響力を持っていた人」の枠を書き、その中にそれぞれの名前を書きます。そして、あなたと線で結びます。

③あなたの先生が、あなたに対して言ったことや教えたことで、特に印象に残っていることはありますか？　線の脇に書き出してみます。

④あなたの先生は、あなたがどんな言動をしたら褒めてくれたでしょうか？　逆にどんな言動をしたら怒ったでしょうか？

⑤①～④を通じて見えてきた、あなたの「色メガネ」はどんなものでしょうか？

学校教育の影響を再認識するシート

②影響を持った人の名前

②影響を持った人の名前

③印象に残っていること

③印象に残っていること

①あなたの名前

③印象に残っていること

③印象に残っていること

②影響を持った人の名前

②影響を持った人の名前

④褒められたこと・怒られたこと

⑤色メガネ

日本人が培ってきた価値観が今、世界で再認識されている

セルフチェックにより、あなたが家族や学校教育から与えられたモノの見方・考え方、つまりあなたの色メガネの輪郭はかなり明確になったのではないかと思います。

戦後教育のシステムの中で私たちは、好むと好まざるとにかかわらず、競争の中に身を置いてきました。小さな頃からお受験をする人もいます。部活でもクラブチームでも塾でも習い事でも、すべて成績で評価されます。普段の授業でさえ通知表によって教科ごとに評価がつけられるわけです。

そういった環境の中で育てば、「助けるなんてお人良し」「与えるなんて損」という色メガネをかけてしまうのも当然かもしれません。

そして、戦後教育が進めば進むほど、日本人が本来持っていた「つながり、助け合い、共に繁栄する」という価値観が見失われていきました。

けれども、ここで日本人にとって朗報があります。
それは、**「つながり、助け合い、共に繁栄する」という価値観の良さを世界全体が認識しはじめた**――ということです。

心理的背景には、温暖化、格差の広がり、意見の分断……といった地球規模で進行中のさまざまな問題があると思います。「このままではまずい」という危機感の下、今、社会全体が大きく変わろうとしています。

国連がSDGs（Sustainable Development Goals＝持続可能な開発目標）を設定しました。消費者たちは、単に製品やサービスの善し悪しだけでなく、「地球の環境に配慮している企業であるかどうか？」「人権問題に真剣に取り組んでいる企業であるか？」といった企業の〝人格〟を購入の判断基準とするようになってきました。
社内でも、これまでのトップダウン式のコミュニケーションからボトムアップ式のコミュニケーションが求められるようになり、これまでの「支配型」とは異なる「支援型リーダーシップ」（サーバントリーダーシップ）が大きな流れとなっています。

そういった世界的潮流を感じ、横文字を目にするたびに、私は「それは長い間日本人が大事にしてきた価値観そのものではないか」と思っています。私たちは、それらの感覚を新規に獲得する必要はありません。

ただ、先祖が大事にしてきた価値観を思い出せば良いのですから。

少子高齢化などで、「日本はこれからどんどんダメになっていく」と悲観的な予測をする人がいます。

けれども、私たちは、「歴史の誤認」から解放され、長い間日本人が培ってきた日本人の素晴らしい価値観をリソースにすれば良いのです。

つまり、これからの時代を日本人にとって大きなチャンスと捉えるべきなのです。

ですから、あなたの会社と社会（お客様など）との関係が良好なものであるかどうかの検証にも「ＲＣＦメソッド®」を使ってください。

「RCF行動分析」と同様に、逆回転、つまり「(行動↓)計画↓思考↓感情↓アイデア」の順で検証するという点では、これまでの使い方とまったく同じです。

世界観を変えたあなたは「使命」を知るステージへと進める

このCHAPTER7では、世界とあなたとの関係性について学んできました。

「世界」という言葉を使っていますが、「世界」とは「そこに実際にあるもの」ではなく、「今のあなたに見えているもの＝世界観」です。

そして、そんなあなたの世界観に大きな影響を与えているものが**「家族のモノの見方・考え方」**と**「歴史教育」**です。

この2つに対する「誤認」が解ければ、あなたの視座はますます高まっていきます。

CHAPTER7まで読み進めたあなたには、「使命」について知るCHAPTER8が待っています。

これは、あなたがあなたにしか生きられない人生を生き抜くための章です。
さあ、新たな気持ちでページをめくりましょう。

CHAPTER

8

第4ステージ

使命を知って導く

天とのつながり・未来とのつながりをあらためて知る

「関係を知る」のステージで、あなたという人間が孤立した存在ではなく、従業員や家族など周囲のさまざまな人との「横のつながり」を体感してもらえたと思います。

そして「世界を知る」のステージでは、何代も前の先祖との「過去とのつながり」を体感してもらえたのではないでしょうか。

この「使命を知って導く」のステージは、**「天とのつながり」、そして「未来とのつながり」をあらためて知る段階**です。

私はセミナーの参加者に「『自立→共感→共存→共創』のプロセスを経て人間は進化をしていきます」とお伝えしています。

「自分を知る」ことで自立でき、「関係を知る」ことで共感でき、「世界を知る」ことで共

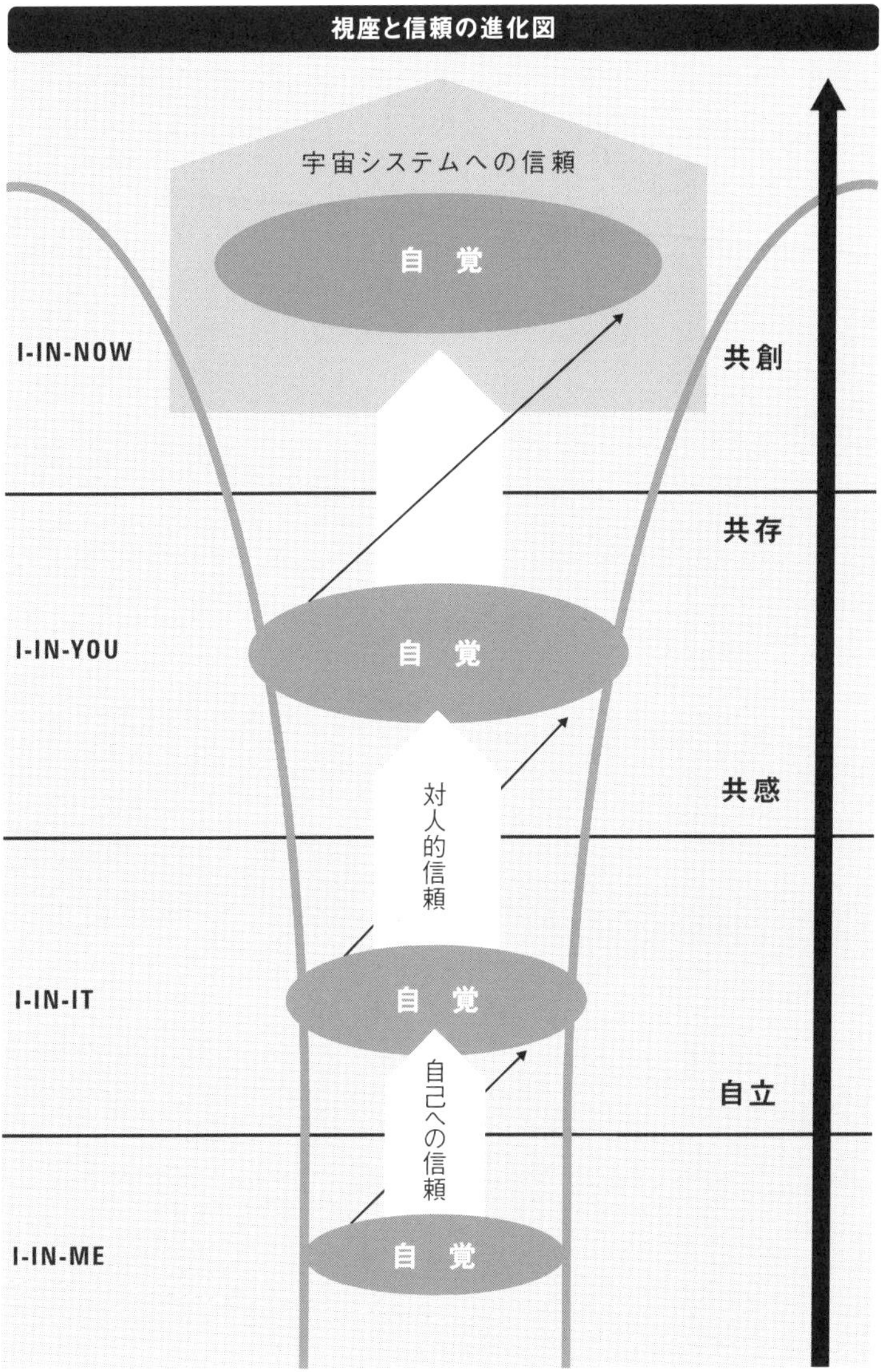
視座と信頼の進化図
宇宙システムへの信頼
自 覚
I-IN-NOW
共創
共存
I-IN-YOU
自 覚
対人的信頼
共感
I-IN-IT
自 覚
自己への信頼
自立
I-IN-ME
自 覚

存でき、「使命を知って導く」ことで共創できるようになります。この進化のプロセスを前に進めていくには、あなたの「信頼」を育てていく必要があります。「つながり＝信頼」なのです。

「自分を知る」ことで自分との信頼が育まれ、「関係性を知る」ことで他者との信頼が育まれ、「世界を知る」ことで自分が生きている世界（宇宙システム）への信頼が育まれ、「使命を知って導く」ことで信頼はあなたと触れ合う人の中に育まれていきます。

これらのイメージについては、前ページの図を見てもらえるとイメージが湧くのではないかと思います。

そして、あなたには〝知る〟だけではなく、素晴らしいリーダーとしてたくさんの人々の人生を幸せへと〝導く〟ことも求めたい。つまり、**「経営者」というよりもむしろ「教育者」としての役割を果たしてもらいたい**のです。

「おかげ」という言葉を使い、「生かされている」という感覚で過ごす

では、どのようにすれば、天や未来とつながり、教育者として生きることができるのでしょうか？

誰にでもすぐにできて、しかも非常に効果があるのは「おかげ」の言葉を習慣化することです。

今の自分の命があるのは、両親のおかげ。
今の会社があるのは、従業員のみんなのおかげ。
今の自分が毎日楽しく過ごせているのは、家族のおかげ。

そんなふうに**「生きている」のではなく「生かされている」という感覚を持つ**ことなのです。

経営者、特に創業社長が陥りがちなのは、自分の努力によって事業を成功させてきた自信や自負が、従業員よりも自分のほうが努力してきたという対立構図を無意識につくってしまうことです。

それは事実かもしれませんが、その一方で従業員が毎日働いてくれる「おかげ」で、あなたやあなたの家族が生活できるのもまた事実なのです。そこには役割の違いがあり、お互い様のおかげ様という支え合いなしには絶対に成立しない関係性なのです。

したがって、あなたはあなたという天命に従って、その役割を生きていく……それは、従業員1人1人も同じで、そこには役割の違いがあるだけです。

「覚悟」を決めて続ければ、「肚の据わった状態」で生きられる

さて、「おかげ」の言葉を習慣化するのは簡単だと先ほど書きました。それなのにすぐに矛盾することを書きますが、実は非常に難しいことなのです。常に「おかげ」の生き方

となるためには、自分目線ではなく関係性目線、さらに世界観目線という視座の高い俯瞰した見方が定着してくる必要があるからです。

なぜなら、**周囲の人たちに身を持って「おかげ」の生き方を見せていくには、あなたがこれまで持っていた我欲を捨てていかなければならない**からです。

もちろん、一度にすべてを捨て去るのは無理でしょう。うわべだけの「覚悟」では、「おかげ」の生き方はできません。ですから、「一生かけてそういう人生を送るぞ」という「覚悟」を決めなければならないのです。

「覚悟」を決めて、「おかげ」の人生を生きていくと、目の前に起こるすべての出来事を感謝の気持ちで受け入れられるようになります。

これこそが、日本人が古来より持っていた自他の融合する生き様であり、自分以外の万物とのつながりを最も大切にする人間本来の生き様となるのです。

そのような在り方で経営者が生きるとき、また、そのような在り方で生きることに覚悟を持っているとき、あなたの主観と客観が一致し、身口意《しんくい》が一致した一貫性のある存在として、誰からも尊敬される真の経営者となっていきます。自分の生き様の中心軸が定まり、言葉通り「肚の据わった状態」となるのです。

自身の生き様で周囲を感化する人が真の「教育者」と言える

周囲の人たちに身を持って「おかげ」の生き様を見せていくこと――それが私の言う「教育者」という意味です。

教育者という言葉を一段上の立場から教え諭す人と解釈している人もいますが、それは私の解釈とは異なります。**教え諭すのではなく、周りの人が自然と感化される生き様をしている人が真の教育者**なのです。

「おかげ」の言葉を習慣化し、「生かされている」という感覚を持ち、「肚の据わった状態」で日々を生きる人のそばにいると、周りの人がその姿から自然と学び、同じように生きようとします。

自身の生き様を体現者として示す肚の据わったリーダーがたくさん現れ、多くの人を導き、そこに「生き様の継承」がなされていくとき、日本が2600年以上にわたって伝承伝達してきた伝統が取り戻され、目まぐるしく進化する科学技術と融合し、さらに素晴らしい国になっていくでしょう。

今、この時代に、経営者としてあなたが生きている意味が見えたら、自分の「使命」が見えてきます。あなたが生まれた環境で身につけてきた「誤認」という名の色メガネの特徴を読み解けば解くだけ、あなたは周りの人とのつながりをどんどん強化していきます。

なぜなら、あなたがその人たちが持つ誤認を解くことに貢献し、より生きやすい人生に変えていくお手伝いをするようになってしまうからです。

つまり、人々の在り方をあなた自らの生き様で教育する教育者として生きることになるからです。

今の時代に経営者として生きるということは、同時にそのような生き様を継承するという役割が自動的にくっついてきてしまうのです。

ここまで読んでくださったあなたには、経営者という枠にとどまらず、教育者として今後の人生を過ごしてもらいたいと心から思っています。

このCHAPTERの締めくくりとして、「おかげ」の毎日を生きるための就寝前習慣を紹介します。

ぜひ取り入れてみてください。

●「おかげ」の毎日を生きるための就寝前習慣

夜、寝る前と朝最初に3〜5分ほど行うと有効です。

①あなたを支えてくれる従業員たちの顔を何人か思い浮かべましょう。従業員たちはあなたにどんなことをしてくれましたか？　その方たちに「ありがとう」の思いを込めましょう。

②あなたの家族の顔を1人1人思い浮かべましょう。彼らはあなたにどんなことをしてくれましたか？　彼らに「ありがとう」の思いを込めましょう。

③あなたの先祖の顔を1人1人思い浮かべましょう。彼らのおかげで自分が生きていることに感謝し、「ありがとう」の思いを込めましょう。

「使命」を自覚したあなたは世界で大きく活躍できる

このCHAPTER8で、あなたは**「天とのつながり」「未来とのつながり」**についての学びを深めました。

それは、「おかげ」の言葉を習慣化し、「生かされている」という感覚を持ち、「肚の据わった状態」で日々を生きるということです。

非常にシンプルなことで、今からでも、誰でもできます。

と同時に、これをやり続けるからこそ意味があります。毎晩眠りに就く前に「ありがとう」の思いを込めて、あなたの大切な人たち1人1人を思い浮かべてください。

さて、ここまで読み進めてきたあなたは、

- 【第1ステージ】自分を知る
↓
- 【第2ステージ】関係性を知る
↓
- 【第3ステージ】世界を知る
↓
- 【第4ステージ】使命を知って導く

というステップを踏み、最終段階まで修了したことになります。

あなたの使命は何だったでしょうか？
その使命により、どんな人たちに、どんな幸せを与えることができますか？
その生き様によって、あなたはどんな幸せを感じられるでしょうか？

あなたの無限の可能性を生かし、大活躍する姿を楽しみにしています。

ただし、第1ステージ～第4ステージへの道のりは、「1回登れば終わり」というものではありません。喩えるならば、螺旋階段のようなものです。第4ステージまで登り切ったと思えば、踊り場に出ます。その踊り場から新たな第1ステージ～第4ステージへの道のりがある。そのステージを登り切ったかと思うと、また踊り場があり……の繰り返しです。あなたの命がある限り、その階段は果てしなく続いています。ゴールはありません。だからこそ、気がつけば、自分でも驚くほどの高みに登ることができ、自分でも驚くほどの視座を手に入れることができるのです。

永遠に階段を登り続けるわけですから、道中辛くなることもあるかもしれません。登るのをやめようと思うこともあるかもしれません。

そんなときには、ビタミン剤などを飲み、気持ちをリフレッシュさせることも必要です。

視座を高める生き様を続ける上でのビタミン剤――それは「従業員などさまざまな人た

ちとコミュニケーションがうまくいく〝即効性〟のあるやり方」なのではないかと私は思っています。「ノウハウ・やり方」を知って手軽に取り入れても意味はないと私は強く思っていますが、気持ちをリフレッシュさせるというようなピンポイントの使い方であれば良いのではないかと感じています。

そこで、最終のCHAPTER9では、日々の会社経営の中で「何だかうまくいかない」と感じたときに使ってもらいたいやり方を紹介しておきます。

CHAPTER

9

もしも
わからなければ
ここから始める

うまくいかないときに即効性があるとっておきのやり方がある

本書で私は、「ノウハウ・やり方」を変えて会社を変えるのではなく、「あなたの在り方」を変えて会社を変えるのだというお話をしてきました。そして、「自分を知る」「関係性を知る」「世界を知る」「使命を知って導く」というステップで、あなたの在り方を変えるための気づきを提示してきました。

ただ、「自分の在り方を変えるにはまだまだ時間がかかります。その間に従業員との関係も、家族との関係もどんどん悪化しています……。何とか〝即効性〟のあるやり方も教えてもらえないでしょうか？」という相談を受けることも多々あります。

そんなときに私が「これを使ってくださいね」と言ってお伝えする〝即効性〟のあるやり方があります。それが「Be-トライアングル®」です。

このやり方を用いれば、あなたの視点を簡単に変えることができ、また周りの人とのコミュニケーションの取り方も簡単に変えることができます。その中身について本書の最終章で解説していきたいと思います。

「Be-トライアングル®」を継続的に実行することで、今まで示してきた「在り方」に自然と変わってきます。これは、即効性があって在り方も変わっていく一石二鳥の究極の対人関係テクニックです。

目の前の相手と「線」の関係で向き合っていないか？

「1対1のコミュニケーション」を考える際、ほとんどの人は「あなた」と「相手」の2点で考えると思います。

あなたをA（Adviser／アドバイザー）、相手をC（Client／クライアント）とした場合、「A－C」は1つの線で結ばれます（次ページ図）。

1対1のコミュニケーション

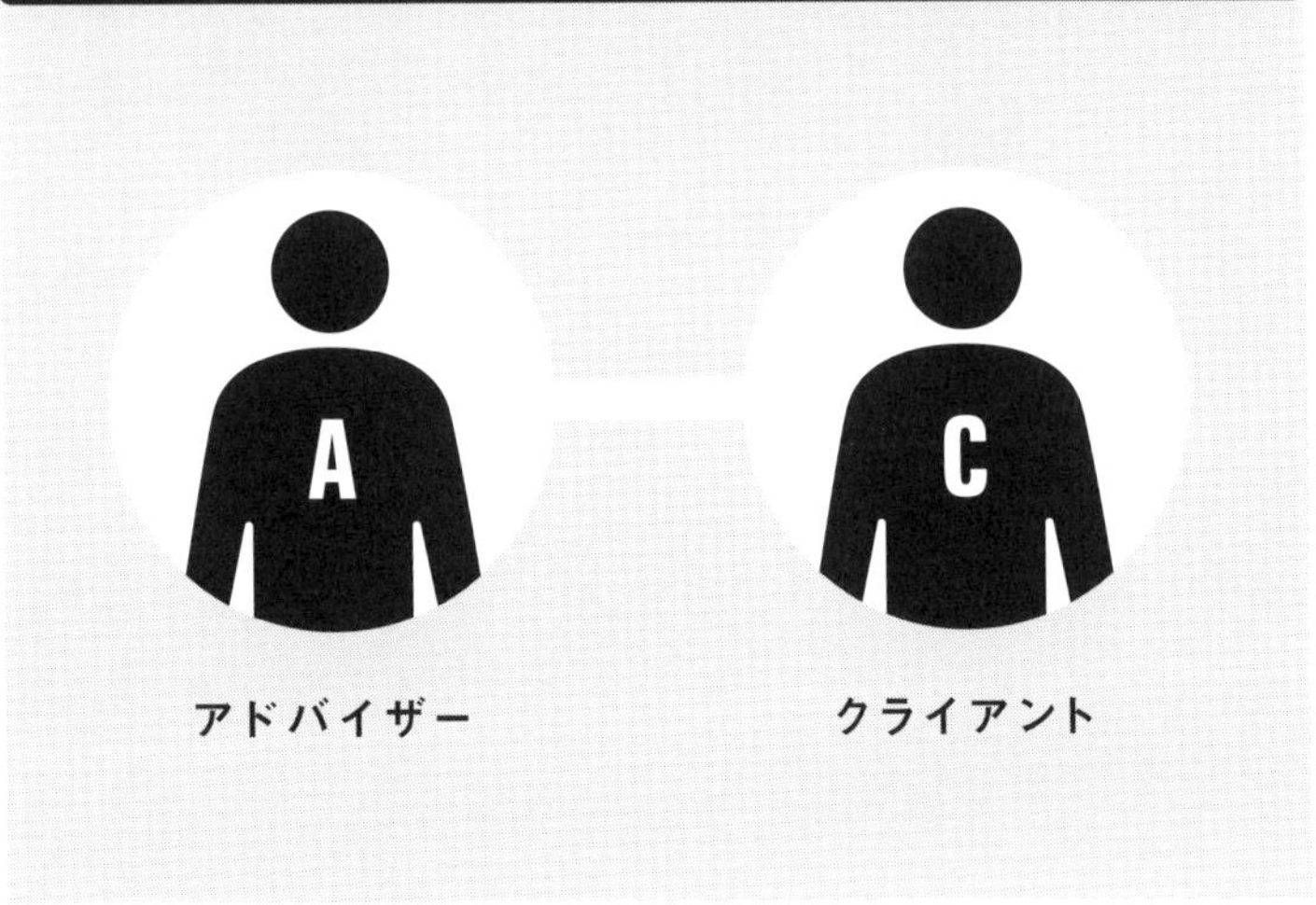

相手Cを、仮にあなたの会社の従業員とします。C（クライアント）の従業員は社長であるあなたにさまざまな相談をしてきます。「売上目標を達成できそうにありません。どうしたらいいでしょうか？」「部下のモチベーションが低くて悩んでいます。何をすればいいですか？」「いきなり新規事業をと言われましても、何から始めればよいですか？」……などです。そのたびに、A（アドバイザー）のあなたは判断、決定、指示を行っていきます。

その際、つい無意識に行っているのが、「自分のリソース（人・モノ・金）」の範囲内で答えを出すということです。

どういうことか？

例えば、「売上目標を達成できない」という相談を受けた場合で考えてみます。「人＝従業員」の顔を思い浮かべて「期末でどこの部署も忙しい。お客様への1人当たりのアプローチをもう少し増やして何とか達成できないか？」とか……、「金＝予算」の数字を思い浮かべて「今は会社に投資できるお金がない。何とか人海戦術で乗り切ってくれないか？」とか……。

つまり、**あなたが無意識に「こちらの事情」を織り込んで物事を考え、その上で出せる〝ベストの答え〟を出そうとしてしまう**のです。

それでうまくいっているのならばOKです。けれども、「従業員との関係がどうもうまくいかない」「家族とのコミュニケーションに悩んでいる」という人の場合、〝こちらの事情〟を前提に相手と向き合っている——というのが原因であることが多いのです。

端的に言えば、A（アドバイザー）とC（クライアント）の関係性の中でコミュニケーションを取ってもうまくいかないのです。

そして、うまくいかない原因は、A（アドバイザー）であるあなたの側にあるのです。

〝こちらの事情〟とは、個人の経験則が元になっています。個人の経験則には限界があります。ましてやコロナ禍で過去の経験が役に立たない不透明な時代には、個人の経験則はほぼ意味がありません。

その限界を超えるのが「Be-トライアングル®」です。八方塞がりとなったこの危機を一気に打開する〝魔法のテクニック〟と言っても過言ではありません。

「Be-トライアングル®」とはいったいどんなテクニックなのか？

そこでお伝えしたいのが、**私が独自開発した「Be-トライアングル®」というコミュニケーション手法**です。

まずは全体像をつかんでいただくために、次ページの図を見てください。A、B、Cの頂点を持つ三角形となっています。

「Be-トライアングル®」のコミュニケーション

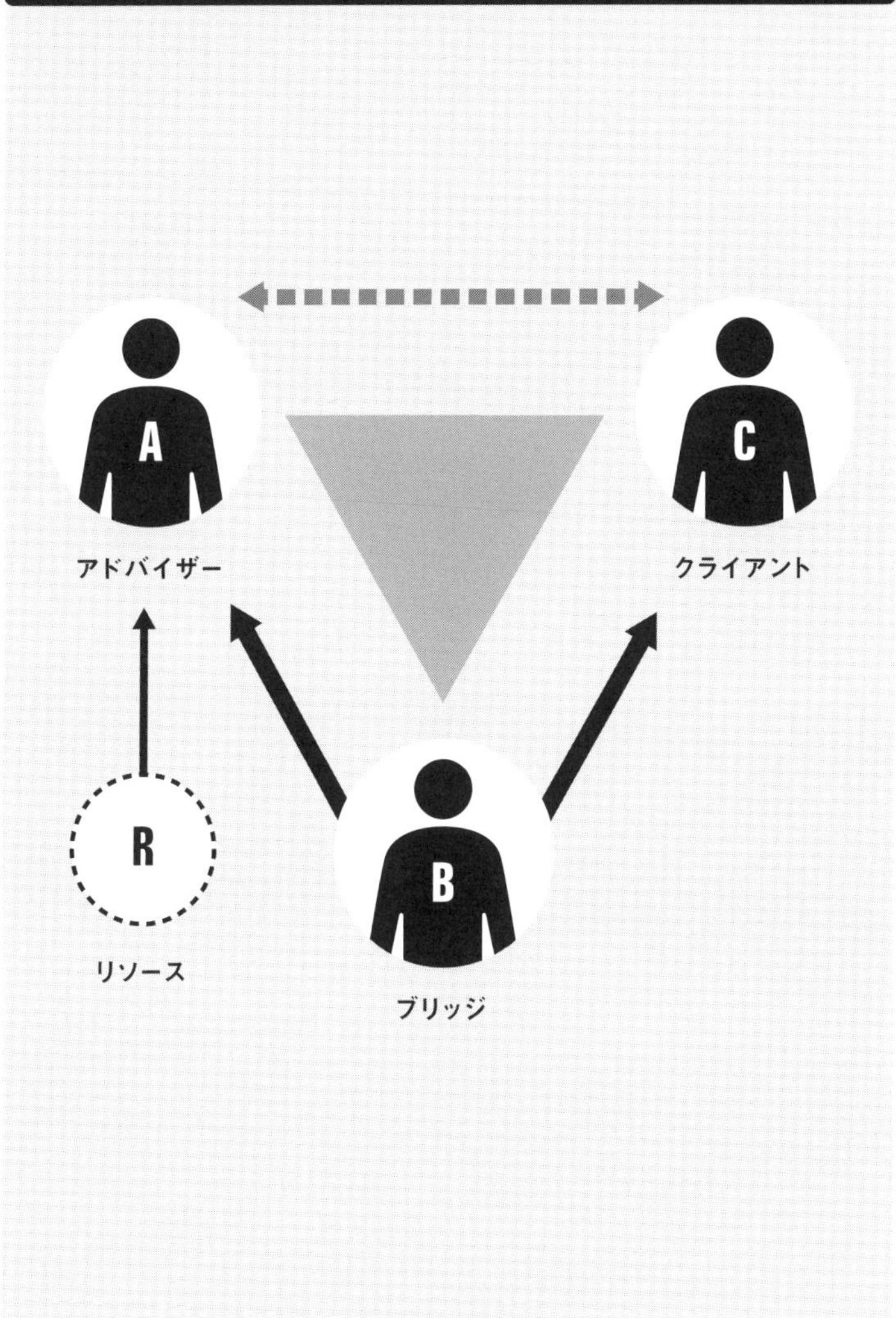

Aは「Adviser／アドバイザー」、Cは「Client／クライアント」なのですが、新たにB「Bridge／ブリッジ」という要素が加わっています。

ここがポイントなのです。「Be-トライアングル®」では、あなたに「Aの場所に立って、Cのクライアント（従業員など）とコミュニケーションを取る」のではなく、**「Bの位置に立って、AとCをつなぐコミュニケーションを取る」**ことをお勧めしているのです。

あなたがB（ブリッジ）の位置に立って、A（アドバイザー）とC（クライアント）をつなぐコミュニケーションを取る――すると、なぜ人間関係がうまくいくのか？

それは、ひと言で言えば「リソース（人・モノ・金）」が無限になるからです。

あなたがA（アドバイザー）の位置にいたときは、無意識に〝こちらの事情〟を織り込んで物事を考え、その上で出せる〝ベストの答え〟を出そうとしていましたよね？　従業員から「売上目標を達成できない」という相談を受けた際に「期末でどこの部署も忙しい。お客様への1人当たりのアプローチをもう少し増やして何とか達成できないか？」と答えるといった具合です。

ところが、あなたがB（ブリッジ）の位置に立つと、不思議なことが起こります。あなたが〝こちらの事情〟という無意識の制約から解放されて、C（クライアント）の相談内容に自然体で向き合えるようになるのです。

「売上目標を達成できそうにありません。どうしたらいいでしょうか？」と聞かれた場合で、あなたと従業員のコミュニケーションを再度考えてみます。

●「Be-トライアングル®」によるコミュニケーション例

「どんなところで悩んでいるの？」

「お客様に本当にご満足いただける営業のやり方が営業部全体で共有されていない気がするんです」

「そうなのか……お客様に本当にご満足いただける営業のやり方って、ポイントはどんなところにあるの？」

「そうですね……『お客様にとって心地良いタイミングや方法でアプローチする』『お客様に信頼いただけるまで聞き役に徹する』『差し支えない範囲でプライベートのこと、ご家族のことなども教えていただく』とかですかね。ウチで言えば山田と佐藤はそのあたりが抜群にうまいですよ」

「そっか！　どうすればそのコミュニケーションが他のみんなに伝わるかな？」

「山田と佐藤を講師にして、社内で営業のやり方を共有してみます。あと、営業のグループＬＩＮＥをつくって、『こんなやり方でうまくいきました』という報告をみんなでし合うのもいいかなと思いました」

「おぉ、それはいいね！　自分も学びたいなあ」

「社長、ありがとうございます。ぜひ参加してください。みんなのモチベーションも上がりますので。それと、ウチの会社に以前商材を売り込みに来てくれた営業で『彼、めちゃめちゃすごかったなあ』ってみんなで感心した男性が１人いたんですよ」

「おぉ、そうなの？　そんなにすごいんだ」

「彼のすごさは、今でも僕らの間で語り草になっています」

「そうなんだ。あ、思い切って、その人を講師に招いちゃったら？」

「それ最高ですね！　彼の名刺を探してすぐに連絡してみます」

いかがでしょうか？

このやりとりは、わかりやすい例として私が創作したものです。けれども、A（アドバイザー）の位置からB（ブリッジ）の位置へと移り、「C（クライアント）の課題を解決するにはどんなリソース（人・モノ・金）があればいいんだろう？　そのリソースとC（クライアント）をつなぐためにはどうすればいいだろう？」と考え出すと、一気に課題は解決していくのです。

「知り合いを6人経由すると、地球上の誰とでもつながることができる」と言われています。6人でつながれるかどうかは人間関係の広さにもよると思いますが、あなたの心の制約さえはずれれば、困っている相談者C（クライアント）と、その問題を解決してくれる人を引き合わせることは十分可能なのです。

経営者と従業員がともにB起点で発想すると、売上向上につなげるための課題が明確に、そして正確になります。

つまり、「C＝お客さまの悩みの解決」という問題解決の根本に目が向きます。B起点で発想していないと、社長（A）が従業員（C）に対してプレッシャーをかけて終わるのに対し、B起点で発想すると問題の本質に目が向きます。さらに、解決策のアイデアも無限のリソース、創造的なアイデアにアクセス可能になります。B起点の発想になることで、生み出す感情は社長の威圧によるプレッシャーからワクワク感に変わるという天地の差となります。

自分がB起点の在り方を生き様に落とし込めたとき、あなた自身も誰か他のBさんによって生かされていることに気づいていきます。これが「おかげ」の生き様につながっていくのです。

分断された社会が生み出しているさまざまな問題を、あなたから紡ぎ直すミッションが始まる――あなた自身、会社、そして地域社会というように、つながりを取り戻していきましょう。

「喜びと感謝の三角形」によって良い関係がつながっていく

「Be-トライアングル®」が素晴らしいのは、このコミュニケーションによって「喜びと感謝の三角形」ができていくことです。これまでのコミュニケーションは「あなたと相手」の線で結ばれた関係でした。けれども「あなたと相手と誰か」の面で結ばれた関係になります。

次ページの図をご覧いただければわかるように、三角面というのはつながり合っていくことができます。喜びと感謝の連鎖で、無数の三角面がどんどんどんどんつながっていくと、図のように球体になっていきます。

この図のモデルになっているのは「ジオデシック・ドーム（通称：フラードーム）」と呼ばれているもので、独創的な業績を残した20世紀の偉人、バックミンスター・フラーによって１９４７年に考案されました。

「Be-トライアングル®」による喜びと感謝の連鎖

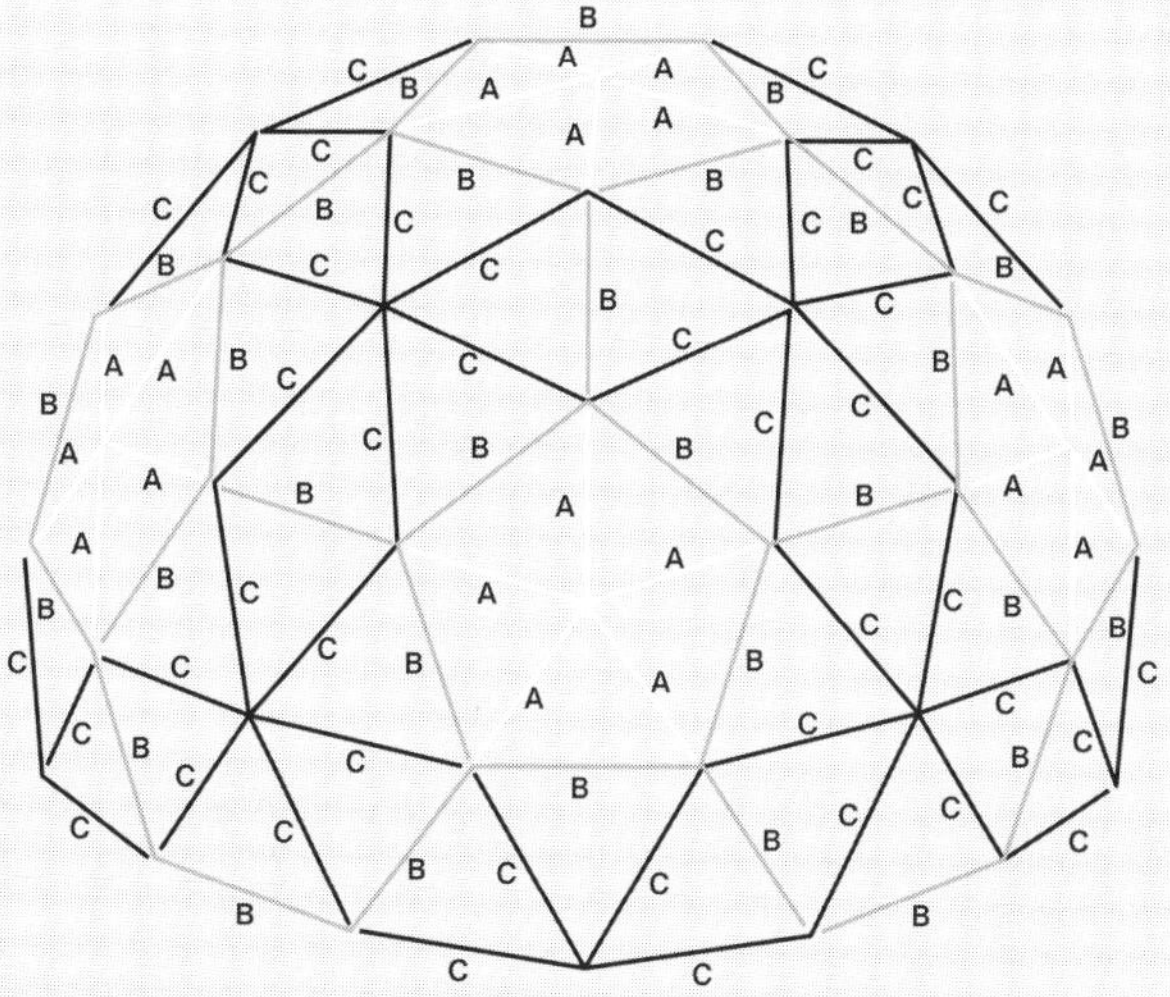

自分が起点となって
この喜びと感謝の球体を
つくっていくという意識で、
周りの人たちとコミュニケーションを
取ることが重要になる。

詳しい説明は省きますが、このジオデシック・ドームには、目に見えない黄金比が隠されています。私にはそれが、ちょうど「Be-トライアングル®」にある対人関係における関係性の黄金比を示していると思えるのです。

ですから、「自分は、この球体をつくっていく存在である」――そんなイメージを持って目の前の人たちとコミュニケーションを取ってください。

その起点となるのは、他の誰でもない。そう、あなたです。

これまでの制約に縛られている窮屈感がなくなり、ストレスから一気に解放され、次々と良い出来事が連鎖し、人とコミュニケーションを取ることがとても楽しくなるはずです。

「Aの立場からCと向き合うコミュニケーション」から「Bの立場に移って、AとCをつなぐコミュニケーション」へ――ぜひ取り組んでみてください。

喜びと感謝の連鎖で三角面をつなぐリーダーになってほしい

今、エンパワーメントという概念が注目されています。「エンパワーメント」とは「人間は1人1人が元来素晴らしい能力を有している」という前提のもと、その力を能動的に湧き出させ、顕在化させることです。

自然界はあらゆる生命が持続可能な統一場として循環しています。国連がSDGsの中で示す通り、今、人間社会も持続可能性が求められています。

私たち人間社会が自然界のような持続可能性を実現する肝となるのは、私は「エンパワーメント」にあると思っています。

なぜなら「エンパワーメント」とは、人間を「種」と見る考え方だからです。「種」は、4つの環境要因である太陽、水、空気、土がバランスよく揃っている場に落ちたときに、自らの中にすでにある自身の可能性を自らの意志で開花させます。必要なタイミングで芽を出し、花を咲かせ、実り、周りの動植物たちに栄養を提供し、貢献の命を最後まで全うし、必ず次の「種」をたくさん残して死んでいきます。その「種」もまた同じことを繰り返すから、それが循環となり、持続していくのです。

私たちが自分たち人間のことを「種」と見ること、つまり環境さえ整えれば自らの意志で自分の使命を全うすべく成長する力をすでに持っているという前提に立てるかどうかがカギとなるのです。

けれども、エンパワーメントの概念を体現している組織はまだまだ少ないのが実情です。「Be-トライアングル®」は、この打開策となります。「Be-トライアングル®」が定着し、会社組織が運営され、それが社会の規範になっていくとき、人類は自然と融合する次の社会を実現するでしょう。

あなたがB（ブリッジ）の位置に立って、A（アドバイザー）とC（クライアント）をつなぐコミュニケーションを取る――すると「リソース（人・モノ・金）」が無限になる――その三角面をイメージしていただけたことと思います。

その三角面を、喜びと感謝の連鎖でどんどんつないで、球体にしてください。
自分を知り、関係性を知り、世界を知り、使命を知って導くことのできるあなたなら、
きっと大きな球体を創れるはずです。

おわりに――日本から世界を変える「J‐Styleリーダーシップ」

私は「日本人を世界のリーダーに」をミッションに掲げて、活動をしています。

今、日本人の多くが「失われた30年」の意識を引きずり、日本という国はアメリカや中国の一挙一動に翻弄されながら生きているように見えます。

けれども、私は「日本から世界を変えていく」ことが可能だと思っています。

その最大の理由は、「自然と共に生きる」という概念を次代に継承しながら、2600年もの年月を重ねてきた国は、歴史的に見て日本だけだからです。

今、国連のSDGsなどを通して自然と融合する新しい社会づくりが叫ばれていますが、そのような社会づくりを先導できるのは、日本人をおいて他にありません。

戦後の政策により、「日本の良さ」は解体寸前のところまで来てしまいました。けれどもRCFメソッド®を活用し、さまざまな「誤認」から解放され、日本人本来の良さを取り戻すことで、私たちは世界のリーダーとして、自然と共生する新しい文明創造に寄与する存在になります。

その在り方を「J‐Styleリーダーシップ」と名づけました。

さらに視座を高めることで、地球全体の幸せにも貢献できます。RCFのエレメントは、「Fire＝太陽、Water＝水、Air＝空気、Earth＝土」。RCFを極めるということは、まさに地球と人との歩みを考えるプロセスでもあるのです。


本書で学んだRCFを使って、あなたを、そしてあなたの周りの大切な人たちをエンパワーメントしてください。

そして、会社、地域、地方、国、世界……と活躍の領域を広げていってください。

それができるのは、会社の経営者であるあなたです。


最後に、今このようにして人様に貢献させていただく仕事をやらせていただけるようになったのは、すべて、今は亡き順天堂大学の恩師、北森義明先生のおかげです。これからも先生の生き様を継承していきます。

著者プロフィール

佐々木浩一 Koichi Sasaki

リーダー'sコーチ
「RCFメソッド®」「黄金習慣メソッド®」創始者

1974年、静岡県生まれ。現在、アメリカ・オレゴン州ポートランド在住。

学生時代に水泳、ボクシングでオリンピックを目指すも挫折。その経験から、日本のグループダイナミクスの第一人者である順天堂大学・北森義明名誉教授に師事。同大学院時代に、大学ライフセービングチームの監督を務め、北森理論を使って学生ナンバーワンへと導く。

修士課程を修了後、アメリカで自分の可能性にチャレンジするため、2001年から渡米し、10年で某一部上場企業の米国法人トップのポジションまで上り詰める。

2012年に自身が考案した「結果を生み出す公式＝RCFメソッド®」を広めるために独立。その後、5万人以上にこの公式を提供し、ビジネスをはじめ、あらゆるジャンルで数多くの実践的な結果を生み出し、多くの人の人生を変革させている。そのため、成果に直接つながるこの画期的なメソッドと指導力は、各分野で大きな注目を集めている。

この他にも、500人以上が所属する「習慣化能力を磨くコミュニティ」をはじめ、集団力学を活用して常識を超えた結果を短期間で生み出すコミュニティを多数運営。

現在、「日本人を世界のリーダーに」をミッションに、日本の教育再構築に向けたNPO法人「共育の杜」の設立や、日本最大級の市民団体「ママエンジェルス」の組織強化と人材発掘育成への参画など、活動の幅を広げている。変革のプロとして個人や団体へのセッションはもちろん、さまざまな社会変革事業も多方面で展開している。日本独自のNewリーダーシップスタイル「J-Styleリーダーシップ」が世界を先導すると唱えている。


SBT1級、コアチューニング認定講師、中心道アメリカオレゴン支部長。

佐々木浩一公式サイト https://koichisasaki.com

ここでしか手に入らない読者プレゼント!

今日から使える RCFメソッド® 解説動画

読者の皆様へ

本書をご購読いただき、ありがとうございます。お読みになった皆様に、読者限定のプレゼント動画を用意しました。以下からご覧ください。

この動画は、私の人生の転機をまとめたものから、RCFメソッド®の解説まで、より包括的に語っている秘蔵インタビューとなっています。生きた知恵のオンパレードで、即現場で使えるヒント満載です。ぜひ問題解決と願望達成に役立ててください。

佐々木浩一

プレゼント動画はこちらから

https://03auto.biz/clk/archives/tldgxf.html

本件に関するお問い合わせは、佐々木浩一事務局まで。

order@rcfpublishing.com

経営《けいえい》の結果《けっか》を変《か》える公式《こうしき》

2021年7月28日　初版第1刷

著　者 ―――― 佐々木浩一《ささきこういち》
発行者 ―――― 松島一樹
発行所 ―――― 現代書林
〒162-0053　東京都新宿区原町3-61　桂ビル
TEL／代表　03(3205)8384
振替00140-7-42905
http://www.gendaishorin.co.jp/

ブックデザイン+DTP ―――― ベルソグラフィック
本文使用写真 ―――― Drazen Zigic, whiteMocca, Rawpixel.com, Evgeny Atamanenko, sportpoint, ESB Professional, somchaij, Inga Nielsen, Jirsak/shutterstock.com

印刷・製本　広研印刷㈱
乱丁・落丁本はお取り替え致します。

定価はカバーに表示してあります。

ISBN978-4-7745-1900-5 C0034